JAMES NAISMITH

THE MAN WHO INVENTED BASKETBALL

篮球之父

詹姆斯·奈史密斯传

[美]罗伯·雷恩斯 [美]海伦·卡彭特 著 桂旭东 译

SPM 南方传媒 广东人民出版社
·广州·

图书在版编目（CIP）数据

篮球之父：詹姆斯·奈史密斯传 / （美）罗伯·雷恩斯，（美）海伦·卡彭特著；桂旭东译. — 广州：广东人民出版社，2024.5
书名原文：JAMES NAISMITH: THE MAN WHO INVENTED BASKETBALL
ISBN 978-7-218-17313-9

Ⅰ. ①篮… Ⅱ. ①罗… ②海… ③桂… Ⅲ. ①詹姆斯·奈史密斯—传记 Ⅳ. ①K837.125.47

中国国家版本馆CIP数据核字（2024）第035280号

LANQIU ZHI FU: ZHANMUSI · NAISHIMISI ZHUAN
篮球之父：詹姆斯·奈史密斯传
［美］罗伯·雷恩斯 ［美］海伦·卡彭特 著
桂旭东 译

出 版 人：肖风华

责任编辑：朱东岳 范先鋆
责任技编：吴彦斌 马 健

出版发行：广东人民出版社
地 址：广州市越秀区大沙头四马路10号（邮政编码：510199）
电 话：（020）85716809（总编室）
传 真：（020）83289585
网 址：http: //www. gdpph. com
印 刷：天津丰富彩艺印刷有限公司
开 本：880 毫米 × 1230 毫米 1/32
印 张：8.5 字 数：150千
版 次：2024年5月第1版
印 次：2024年5月第1次印刷
定 价：59.00元

如发现印装质量问题，影响阅读，请与出版社（020-87712513）联系调换。
售书热线：（020）87717307

“我想让这个世界因为我的存在而变得更好。”

——詹姆斯·奈史密斯

3 岁的奈史密斯和姐姐安妮。奈史密斯幼年父母双亡，他和姐姐安妮都是由舅舅抚养长大。

奈史密斯在麦吉尔大学就读期间，发现参加体育运动能获得真正的快乐和满足。

1887 年，奈史密斯从麦吉尔大学毕业。他为自己的成就感到自豪，认为自己已经回报了舅舅对他的信任，几年前奈史密斯离开家里的农场去麦吉尔大学求学。

1890年，奈史密斯来到基督教青年会培训学校（后来的斯普林菲尔德学院），学习管理基督教青年会，后来他加入了阿莫斯·阿隆佐·斯塔格的“飞人基督徒”橄榄球队。

1891年，基督教青年会培训学校的学生参加了有史以来的第一场篮球比赛，并合影留念。这些学生是奈史密斯毕业班的成员。

奈史密斯对篮球这项发明感到非常满意的一个原因是，篮球在女性群体中很受欢迎，而且他认为女性在篮球方面可以表现得和男性一样好。

奈史密斯认为，篮球运动的魅力之一在于对装备的需求极少：一个篮球、一个篮筐和一个比赛场地。最初，篮球比赛只有这些。

基督教青年会向海外派遣传教士，使得篮球运动在各个国家得到了长足发展。日本是最早接受篮球运动的国家之一。图中的体育馆正是为了即将到来的参赛者准备的。

1915 年，神户举办了日本第一场有记录的篮球比赛，比赛双方是一支来自神户的球队和一支来自京都的球队。观众和球员都必须学习这项新比赛的规则。

1927 年，奈史密斯和妻子莫德。他们不敢相信，这项运动自 1891 年被发明以来，在很短的时间内就发生了如此巨大的变化。莫德参加了有史以来最早的女子篮球比赛。

目录

序一

最初，世上没有篮球。

直到 1891 年，30 岁的加拿大人詹姆斯·奈史密斯教授，当时美国马萨诸塞州斯普林菲尔德基督教青年会国际训练学校的体育老师，终于想出了点门道。天寒地冻时节，他得给无聊的学生设计点游戏，打发无聊的体育课时光。12 月的某一天，他的学生们进了健身房，发现看台栏杆上，钉了两个竹制的桃篮子：奈史密斯先生拿着个足球，跟他们讲授规则：篮筐离地 10 英尺——305 公分——投球进筐就算得分。

后来此后封闭的竹桃筐会演变成挂着球网的铁圈、最初拿来凑数的足球会变成篮球、规则与球场大小日益完善终于在 1920 年后确定每队 5 人、1932 年瑞士日内瓦召开第一次国际篮球会议、1936 年柏林奥运会上篮球将成为奥运会项目，我们知道篮球会在美国的高中与大学铺展开来，1939 年全美大学生篮球冠军赛 NCAA 即将开始：那时，这是世界上水平最高的篮球组织。

然后 1946 年，有了 NBA，有了此后无数的商业传奇。

有趣的是，在本书中您会得知：奈史密斯先生，一位真正的教师，相信除了传教，还有其他影响年轻人的方式。他不相信传统说法——曾有人觉得田径和体操是魔鬼引诱年轻人误入歧途的方式——而认为适当的游戏与竞赛可以让人成长。

他发明篮球的初衷，是希望以一种不粗俗野蛮的方式锻炼全身。他相信不设置带球跑就能避免擒抱，相信拍球和投篮的规则能让这项比赛受益。

他自己只打过两次篮球——即便篮球是他发明的。

他不喜欢体育商业化，他认为运动员被迫过度训练、体育变成了工作、过于强调胜负、导致了资本崇拜、刺激了赌博。他在欧洲见识了一战，他自己在去到欧洲后从 200 磅变成 145 磅。他来得及亲眼看见自己的发明变成传奇：1936 年 8 月 1 日，他到了柏林，赶上了奥运会开幕式。美国 19 比 8，在一个大雨室外，击败了加拿大得到金牌。

您还能回忆起第一次看到篮球的样子吗？在我的记忆里，看那棕色的球旋转着，在木地板上敲出“通通”之声，加上球鞋摩擦地板的吱吱声，让空荡荡的球馆显得尤其寂静。我坐在场边地上，看着他们跑来来去，看我爸爸和他的同事们来回奔跑。球飞向篮筐，一次又一次。

那时，我觉得球筐像一个碗，每个人都在朝碗里扔一个乒乓球。有时进了，有时没进，弹到碗边缘，高高蹦起来。会有手抓到球，再把它投进去……然后，一切周而复始。

我曾经在家里，在学校，或者在某个工厂的篮球场上，看到一群人，烈日下奔跑着，将一个球抢夺又抛出，球在一个敝旧的铁筐上飞舞跳动。到黄昏，我看到一个或者两个或者三个不高大也不健硕的身影在篮球场上，轮流做着机械而简单的练习。球也许会滚到脚边，然后，疲惫的练习者转过布满汗珠的脸，请你将球抛回他们中间。

“哎，帮忙抛一下！”

我能看到穿着汗衫的老人、膀阔腰圆的青年工人、身量瘦长的学生们卷裹在一起，而周围的栏杆，坐着等待轮换上场，默默喝碳酸饮料的少年们。

后来，我摸到了这个棕色的球。拍在地上，它能弹起来，厚实，柔软，结实，顺手。拍熟之后，它像身体上多长出来的一部分。投出去，穿过球网，“倏”的一声，很难形容的顺滑爽脆。你会想听第二遍，第三遍。离得越远，投进的声音越响亮明快。你会愿意长时间玩耍这个游戏，就像吃花生一样，咔嚓、咔嚓，一次又一次。

后来，我看电视，看录像，看到了投进一个球可以有多么不容易。在看到一个球穿过球网、耳边听到“倏”一声之前，需要有多么艰难的努力；我看到世上有那么多人，跑那么快，跳那么高，可以用一只手指就给球赋予灵魂，指挥它飞来飞去，有些人可以飞在篮筐之上，把球、筐和自己的手三位一体、万无一失地拍在一起。

大概，每个人的篮球世界，开始都不太一样：之后的色彩、声音和情感，都不相同。

奈史密斯先生大概也无法想象，他发明篮球之后百年，这项运动经历了何等的变化，牵涉到了高中联赛，球探挑剔，大学联赛，选秀前的争议，选秀，训练营，新教练，新队友，面对媒体抨击，考虑薪水，签约商业计划，制订战术，争吵，失望，败北，愤怒，妥协，屈服，失望，再一次失望，一次又一次的失望，新技术的掌握，训练，日复一日的训练，争吵、质疑、谩骂、赞颂、评论、球鞋合同、商务代言……

真神奇：如今价值亿万美元产业的职业篮球，最初却出自奈史密斯先生如此纯真的念头。

欢呼与叹嘘声就像潮起潮落，而色彩与景象一直在变换。

但最后，每一次球砸筐而出或穿网而过的声音，以及奈史密斯先生的初衷，总还是一模一样。

张佳玮

序二

时间回到 1988 年，那时候我还没有成为堪萨斯大学的篮球教练，对于詹姆斯·奈史密斯（James Naismith）博士可谓知之甚少。只知道他发明了篮球这项运动，也曾是堪萨斯大学的第一位篮球教练，仅此而已。

迪恩·史密斯（Dean Smith）是我在北卡罗来纳大学时的篮球教练，他曾就读于堪萨斯大学，并在奈史密斯博士的学生福格·艾伦（Phog Allen）手下打过球。尽管迪恩·史密斯教练讲述了许多关于福格·艾伦博士的故事，但他并没有过多地谈及奈史密斯。这也并不奇怪，因为奈史密斯博士早在 1939 年就与世长辞。几年后，史密斯博士才来到劳伦斯（Lawrence）。

在劳伦斯生活和堪萨斯大学执教的 15 年里，我对奈史密斯博士有了更加全面的了解，也对大学篮球的历史和传统有了更深刻的认知，这些都可以追溯到奈史密斯博士的大学时代。我不禁由衷地钦佩和尊重奈史密斯博士所创造的巨大财富，这不仅仅是堪萨斯大学的财富，更是世界的财富。

我无法想象当今体育世界如果没有篮球，会是什么样。奈史密斯博士创造了篮球，起因只是为了给大学生提供一项能够在冬天运动的项目。我想，博士他自己做梦也没想到，这项他发明的运动未来究竟会走向何方。

多年以来，奈史密斯博士和被许多人誉为"篮球教练之父"的艾伦博士，在篮球这项运动的目的以及篮球教练应该扮演的角色方面，存在很大的分歧。奈史密斯博士并不在乎他自己的球队某场比赛的输赢。20 世纪初，他甚至还担任过许多场堪萨斯比赛的裁判，那时候他还在堪萨斯大学执教，在他作为裁判的比赛中，他自己的球队输了好几场比赛。

我可以向你保证，如果现在我是自己球队的裁判，我的队伍是绝对不会输的。

与奈史密斯博士时代相比，今天的比赛已经发生了翻天覆地的变化，其中最大的变化是赢球变得无比重要。如今，巨额的资本被投入到大学篮球中，赢球往往是衡量一个团队价值的最重要因素。奈史密斯博士肯定会对此感到不快。

毫无疑问，奈史密斯博士的价值观和他所坚守的理念，正是所有教练在大学篮球的教学中应当努力实现的：我们应该关注这些我们执教的年轻人的成长，也应该意识到，篮球仅仅是他们大学教育的一部分，是他们走向成熟的一段路程。我认为我们的教练有时往往会忽略这一点。

奈史密斯博士生前对于一些比赛的变化并不赞成，我知道如果他依然健在，他同样也不喜欢当今比赛的某些方面。我认为他会对现在篮球运动员的身体天赋感到震惊，也会惊叹比赛的商业化程度以及篮球比赛的影响力。他应该会喜欢现在高中和大学篮球的比赛方式。

奈史密斯博士关心他的球员。在他眼里，球员首先是独立的个体，其次是他的学生，最后才是运动员。他最看重球员的健康，他重视那些道德高尚、价值观正向的年轻人。奈史密斯博士认为的成功是通过篮球对这些年轻人的生活产生积极影响，而不是球队的输赢。

我十分荣幸自己一生都从事篮球事业。如果这项运动没有被发明，我想我很可能会去参与高尔夫运动。我很感激奈史密斯博士发明了这项运动，全世界数以百万计的人也是同样的感受。

本书讲述了奈史密斯博士的生平事迹，包括许多他多年来记录的个人评论。这不仅仅是一个人发明了篮球并对世界产生巨大影响的故事，更是一个普通人活出了自己非凡人生的故事。

当我在堪萨斯大学执教时，我会经常慢跑穿过埋葬奈史密斯博士和艾伦博士的墓地。比赛日，我会拍着他们的墓碑，开玩笑地说："我们需要你们的一些帮助。"大多数时候，我们都赢得了比赛。

我知道奈史密斯博士正在俯视着今天所有参与大学篮球的人，我毫不怀疑他正在微笑，因为他知道篮球运动这些年来对这么多人意味着什么。

最让奈史密斯博士开心的是，当他再次遇见多年前曾经执教过或曾与其一起共事过的年轻人时，他们都会告诉博士，博士对他们的人生产生了多大影响。我很幸运也曾有过一些类似的经历，我想我知道奈史密斯博士一定也有这样的感受。这是一个教练所能得到的最大荣誉。我非常感谢奈史密斯博士创造了这项运动，让我有幸能够体验到这种感觉。

罗伊·威廉姆斯
Roy Williams

引言

当我的外祖父——奈史密斯离开他舅舅在加拿大的乡村农场去上大学时，外祖父当初并不知道未来会怎样。那时候他的梦想是成为一名牧师。但在他心中最重要的是，无论他做什么，他都想要找到帮助人们的方法。

那时的他不知道自己会发明篮球这项运动，也未曾料想自己会踏入体育教育领域。最初，外祖父仅仅是为了给基督教青年会培训学校（YMCA Training School）里一个由 18 名学生组成的活泼吵闹的班级，为他们提供能够在冬季运动的项目，从而发明了一项介于橄榄球和棒球之间的运动，他当然没有预想到这项运动最终成为世界上最普及的运动之一。

同样，他也没有想到，篮球运动会成为他的遗产，他也因此实现自己的人生目标。

70 多年前，外祖父回忆起改变他命运的那天。那一天并不是他为第一场篮球比赛制定了13条规则，而是当他还是一名位于蒙特利尔（Montreal）的麦吉尔大学（McGill University）的学生时，他下定决心要进入体育教育领域，而不是成为牧师。1932年，当外祖父在培训学校——当时已经是国际基督教青年会学院（International YMCA College）进行一次演讲时，他回顾了那个顿悟的时刻：

> 某个星期天，我躺在床上思考着：这一切是怎么回事？人生意义是什么？我要做什么？我将成为一个什么样的人？我将在墓碑上刻什么样的墓志铭？我把这个想法刻在心里，而不是写下来贴在墙上——
>
> “我想让这个世界因为我的存在而变得更好。”
>
> 这是我当时的座右铭，且一直践行至今，这对我来说是一件非常好的事情。

对我的外祖父来说，选择从事体育教育职业是个艰难的决定。在19世纪末，许多人认为体育是魔鬼的工具。当外祖父决定放弃成为一名牧师时，他需要对抗来自家庭成员的反对。外祖父的父母在他很小的时候就去世了，他的监护人是他单身的舅舅，他的姐姐也承担了部分扶养责任。

在篮球这项运动风靡全球多年后，外祖父写道：“我问我唯一的姐姐，她是否已经原谅我曾放弃牧师的工作。她摇摇头说，‘没有，吉姆。’”而另一边，外祖父收到了一位以前同学的来信，他是加拿大长老会大会主席，他在信中写道：“你所创造的篮球运动给世界带来的贡献远超我们班的任何人。”

奈史密斯博士持续不断的努力，以及篮球运动的不断发展，在很大程度上改变了人们认为竞技体育是魔鬼的工具这一传统偏见。奈史密斯博士对于篮球运动在教会中变得如此流行感到震惊，越来越多的教会新建了体育馆，他对此既惊奇又开心。

奈史密斯博士留给后世的不仅仅是篮球。他是一个非常正直的人，获得了神学和医学学位，虽然他从未担任过牧师或医生的工作。奈史密斯博士在55岁时成为一名随军牧师，他认为这是一次机会，通过发挥自己的才能来回报他的移居国家——美国。在第一次世界大战期间，他曾在法国服役一年多。战争快结束时，他在给妻子莫德（Maude）的信中谈到自己的想法：应该为从战争中退伍的士兵做些什么？在信中他基本描述了《退伍军人权利法案》（正式名《军人再适应法》）（*GI Bill*）的大致框架。26年后，这项法案才被美国国会正式通过。

他总是对年轻人的身心健康发展充满兴趣，且极力反对那些试图从竞技体育中牟利的行为。对他来说，他所执教的球队输赢并不重要，重要的是球队的发挥和球员身上的品质。早年间，他在堪萨斯大学担任篮球教练的同时，也兼任了许多场他自己球队比赛的裁判员。他十分重视运动员，特别看重具备美好品质的球员。他反对种族隔离，并努力保证非裔美国人能够得到与白人同样平等的待遇。

尽管奈史密斯博士发明了篮球，但他认为摔跤是一种更好的锻炼方式，且其他运动更具有观赏性。他宁愿花时间教一小群学生学习击剑，也不愿看一场篮球比赛。

奈史密斯博士最看重的是篮球运动所需要的团队精神、队友之间的合作以及各种技能的培养。他出身贫寒，而篮球这项运动几乎不需要什么装备，对此他感到十分满意。他曾这样写道：

> 篮球是一项团队运动，这项运动需要极高的准确性、判断力、个人技能、主动性、自我控制力与合作精神。它要求每位球员都掌控比赛的每个阶段，从而培养球员全面发展的能力，而不是高度单一的专业技能。篮球运动的规则是保证自己队的球员将球投进篮筐，防止对方将球放入另一个篮筐，所以球员经常需要将球传给队友，以保护球权在手，直到出现有利的得分机会。

如果非要概括外祖父对于篮球运动和一般体育运动的看

法，我想应该可以总结如下："让我们都能做到胜不骄败不馁，接受赞美的同时也能够接受批评。最后，在任何时候都要学会欣赏对手。"

外祖父从未因发明篮球而从中获利；事实上，他从未真正在乎过钱。他拒绝了代言人的邀请，也没有为篮球运动申请专利，这些本可以为他带来数百万美元的合法收入都被他拒绝了。他的成就感来自创造这项运动和其他个人的因素。外祖父曾在书中写道：我无法向人们解释我的感受，因为他们不会理解。

> 当我离开农场时，我有一个人生目标，那就是帮助我的同类。这个目标从未改变过，我在美国各地游历时不断提醒自己，至少要给人们带来一些在我离开后也会被铭记的东西。
>
> 我始终坚信，在某个偏僻的地方看到一对篮球架，获得的成就感要远胜于权力和金钱给我带来的快乐。就像在威斯康星州的森林深处，一个被钉在树上的旧桶篮球架；在科罗拉多州的高山上，一对简陋的篮球架；在穿越沙漠的途中，一个被固定在饱经风霜的谷仓上的简陋铁环……这一切都在不断地提醒我，我至少已经在某种程度上完成了我所设定的目标。

在 1918 年的感恩节，距离第一次世界大战结束后仅几个星期，我的外祖父仍在法国工作。他给我的外祖母写了一封很长的信，在信中他列出了自己一生中非常感激的事情，提到了他的爱妻莫德，他的五个孩子，以及上天给予的许多机会。他写道，他感激自己努力帮助世界上的人们，让这个世界变得更好一些，他努力爱自己的邻居，如同爱自己一样。他祈求对未来有一个明确的希望，就像过去对于善的坚持和对于恶的抵制那样，愿生命中所有的善都将延续，恶将被彻底驱散。

在信的结尾，他写道："我试图去表达感激背后的原因。就像你了解的，当你完成一幅画作的细节后，你通常会后退几步，站在远处仔细欣赏。正如我现在所做的，我把我的生活当作是快乐的源泉。"

当外祖母莫德去世后不久，我的母亲也生病了，那时候我还是个小女孩，我和外祖父短暂地在一起生活了几个星期。我的姨妈小莫德也住在劳伦斯照顾我和外祖父两人。我经常因为想家而忍不住哭泣，外祖父便问我是否愿意在一旁的矮床上睡觉，我说好的。他躺在大床上，紧握着我的手直到我安然入睡。我只记得早晨醒来，阳光透过窗户照亮了整个房间，那是一个温暖的早晨。

我的外祖父是一个真正领先于时代的人，他了解什么才是生活中真正重要的事情。他向家人和身边的人传递的理念是：

“力所能及做到最好，同时感恩现有的一切。”

外祖父在1939年去世，留下了五个孩子和他的第二任妻子。我的母亲海伦是外祖父的遗嘱执行人，负责他所有的个人事务，他的许多个人文件和收藏品都被我的母亲存放在地下室的五个大箱子里。1964年，母亲搬到我家和我们一同生活，这些箱子也被一同带了过来。

我母亲在1980年去世，这些箱子依旧存放在我家的地下室里，无人问津。直到2006年春天，在另一位家庭成员的要求下，我开始翻箱倒柜寻找一张特别的照片。而我所找到的东西绝对是宝藏，因为它们捕捉到这位杰出全才的生活：不仅有与他发明篮球相关的事件记录，还有许许多多其他的物品让我想起来那个我爱的人。

在外祖父去世70年后，他的生活细节仍然历历在目。许多通过篮球运动赚取数百万美元的年轻人，可能甚至都没听过詹姆斯·奈史密斯这个名字，也可能无法正确回答谁发明了篮球运动这个问题。但是只要他们参与篮球这项运动，而且按照外祖父所设定的方式参与，他依然会感到欣慰。

他是一个谦逊、朴实、勤奋、敬业、高尚和诚实的人，他爱他的家庭，爱上帝以及他选择的国家，并为他自己的成就感到自豪。他是一个品格高尚的人，勇于坚定自己的立场，他的信念从未动摇。

他很高兴也很自豪，因为篮球运动给这么多人带来了乐趣。但他更高兴的是，这项运动的诞生使得他不必再向培训学校的老板报告，他曾经被派给一项看起来无法完成的任务。

直到他站在1936年柏林奥运会篮球比赛开幕式的检阅台上时，他才意识到他的发明是多么重要，这是篮球运动首次被列为奥运会比赛项目。当21个国家的球员从他面前走过时，他们放低国旗以表达对他的尊敬和感激，他激动得流下了眼泪。

结合篮球这项运动的发明，以及他在个人和职业生活中取得的其他成就来看，我的外祖父詹姆斯·奈史密斯完全实现了他的个人座右铭，这个世界确实因为他而变得更好。

海伦·奈史密斯·多德·卡彭特
Hellen Naismith Dodd Carpenter

第一章 成长

詹姆斯·奈史密斯独自在铁匠铺工作到深夜。本尼角（Bennie's Corners）的其他孩子都在冰面上滑行嬉戏，而他却只能整晚站在河边的火堆旁，眼巴巴地看着他们，这点燃了奈史密斯心中的火苗。

1875 年，即便是在加拿大的农村，当孩子没有冰鞋时，他们大多数人会立即跑回家，恳求父母给他们买一双新冰鞋。然而 14 岁的奈史密斯却从未拥有一双属于自己的冰鞋。

很多原因导致了奈史密斯与大多数同龄的孩子不一样。在看完其他孩子滑冰后，他离开了池塘，在本尼角的建筑周围一直在寻找什么，直到找到两把锈迹斑斑的锉刀。他将它们带到铁匠铺，磨成想要的形状。随后，他又找来两根山核桃木条，并思考如何将打磨好的刀片固定在木条上。为此，他还特地做了皮带，以便将木板固定在靴子底部。

干了几小时以后，冰鞋制作工作基本完成，接下来奈史密斯所要做的就是好好打磨他的冰鞋。第二天晚上，当其他孩子穿着冰鞋走上冰面时，奈史密斯也穿上了属于他自己的冰鞋，漫步在冰面上。

奈史密斯并不认为他所做的事情有什么特别或了不起的地方。他认为这只是一件他应该做的事情，这是他在年幼时就被迫从生活中学会的一课。

奈史密斯的父亲约翰·奈史密斯（John Naismith）在14岁时从苏格兰搬到加拿大，在他叔叔的农场生活到18岁。之后约翰在一个木匠手下当学徒，工作一整年也只收到了1美元工资。后来，他与罗伯特·杨（Robert Young）合伙，成为一名建筑承包商，并在1858年与杨的妹妹玛格丽特结婚。玛格丽特的父亲给了这对夫妻一块距离他家大约200码的土地，约翰在这块地上建了一座房子。

奈史密斯家族并不是唯一定居在加拿大的苏格兰家族。许多离开苏格兰，试图寻找新生活的人，都不约而同地选择了在加拿大密西西比河沿岸、渥太华以西的一个农村地区作为他们的落脚点（渥太华在詹姆斯·奈史密斯出生前四年被选为加拿大首都）。阿尔蒙特（Almonte）小镇是由苏格兰移民在19世纪20年代建立的，随着越来越多的苏格兰人移居至此，在之后几年里，他们的亲戚和朋友也纷至沓来。该地区物产丰富，人们都能够过上富足的生活，并能够继续从事他们移民之前的职业。到了 19 世纪中期，已经有 9 万多人从苏格兰移民到加拿大，他们大多都生活在农村地区，尽管如此，农村地区仍然人烟稀少。

总的来说，这些拥有苏格兰血统的人是真诚的、笃信宗教的、勤劳的公民，他们决心为自己和家人创造美好的生活。与几乎所有背井离乡来到美国和加拿大“新世界”的欧洲人一样，他们也在寻求更好的生活。他们是团结的人，当他们给朋友和亲戚写信告诉他们有多么热爱新家园时，亲戚和朋友受到他们的鼓舞，就会决定加入他们。定居者接纳并照顾这些新移民，直到他们适应这里新的生活。在这里人们的态度是“永远还有一个人的空间”。

多年后，奈史密斯的女儿玛格丽特在家族史中写道：“这里的人们并不吝啬，而是勤俭节约。”

> 妇女们自己纺纱，尽其所能地多编织衣服，甚至编织自己的毯子。
>
> 在漫长的冬天，气温变得越来越低，积雪也越堆越高，一家人围在火炉旁取暖，各忙各的活儿。男人是木匠，也是农民。他们的工作是修补或打磨一些工具或是制作马具，这段时间妇女都在编织衣服。在那个年代，做一件衣服需要花费很长时间。大量的缝制

以及其他工作都需要手工完成。

他们有晨祷和晚祷，教会在他们的生活中举足轻重。他们保留了苏格兰当地的风俗习惯，所有人都是快乐且满足的。

也许有人好奇为什么许多早期加拿大领导人都是苏格兰后裔，包括1813年在蒙特利尔创建了麦吉尔大学的詹姆斯·麦吉尔。如果深入了解了苏格兰移民对教育、商业和政治的重视程度，也许这个问题就不足为奇了。

詹姆斯（小名吉姆）·奈史密斯有个姐姐（名叫安妮），他是家中三个孩子中的老二，出生于1861年11月6日，安大略省拉姆齐市的父母家中。他的弟弟罗伯特出生于1866年。詹姆斯·奈史密斯的名字中没有中间名的缩写A，尽管多年后，许多资料都将字母A作为他的中间名首字母。当被问及中间名字时，奈史密斯几乎总是回答说A代表“匿名”。

奈史密斯为自己的苏格兰血统感到非常自豪，他在年幼时学到的传统和职业道德一直伴随着他的余生。

奈史密斯出生几年后，全家搬到阿尔蒙特小镇附近，因为他的父亲在该地区工作，并且在这里建造许多房屋。几乎每个周末詹姆斯都要回到他外祖父的农场。奈史密斯的外祖父是干制作橱柜这一行的。他和他的外祖父一起坐着马车，这期间的生活又给他上了另外一课。

“外祖父不得不去拜访一位邻居，他严厉地嘱咐我，让我不要碰马车座位上的一个小包裹，”奈史密斯多年后回忆起那段经历时说道，“但经过仔细观察后我发现那是一块嚼烟，我马上就尝了一口。外祖父出来后，他给了我时间让我体验嚼烟的好处，不一会儿我晕倒了。他不敢把我带回家见我母亲，所以他挺直身子，紧紧抱着我，直到我能够呼吸到新鲜空气，这时的我才勉强恢复到正常状态。”

还有一次，奈史密斯和外祖父一起前往了一片田地。奈史密斯带了一把小镰刀，外祖父带了一把长柄大镰刀，他们在努力修建栅栏。两人被一只松鼠吸引了注意力，外祖父教他如何捕猎动物。

“他收起他的镰刀，我们准备步行回家，”奈史密斯回忆说，“在回家的路上，他问我的镰刀去哪了。我依稀想起是抓松鼠的时候不小心把它落下了。我们在路边坐下来，他告诉我，他不能支付我那一周的工资，因为我弄丢了一件工具，这是需要赔钱的。他给了我足够的时间来思考这件事，然后他从大衣下面拿出了我的那把镰刀。”

奈史密斯步履沉重地向家走去，像霜打的茄子，因为他本可以花掉那天应该赚到的钱。然而，在他们到家之前，他的外祖父把手伸进裤子口袋，掏出一些零钱，对他说：“我付给你今天工资的一半。”奈史密斯立刻开心了起来，转忧为喜。

又有一天奈史密斯好像着了魔似的，他突然发现家里有一堆门板，这些门是外祖父准备安装在新建的房子里的。他鬼使神差拿着手摇曲柄钻，在那堆门板上钻了一个完美的洞。那天晚上，奈史密斯又被劈头盖脸地教训了一顿。

奈史密斯开始在阿尔蒙特上学，他 7 岁那年全家搬到了渥太华河边一个叫大卡柳梅岛（Grand Calumet Island）的小村庄。他的父亲在那里买了一个锯木厂，自己制造木材，他认为将木材运到城市会比将原木顺河运到另一个锯木厂要更容易一些。

有一天，奈史密斯幸运地避免了一场悲剧。当时他在工厂的一边，工人们都在工厂的另一边。“我拿起一把翻木钩，开始把木头往锯子上滚，”奈史密斯多年后写道，“我父亲听到上面有动静就飞奔到楼上来，正好看到一根巨大的木头向我滚来。幸运的是，我扔掉手里的翻木钩，它在木头滚到我身上之前恰好挡住了木头。”

奈史密斯不只是在工厂里闲逛的时候才惹是生非。在外面，他经常与在该地区工作的卡车司机们待在一起。奈史密斯回忆说他们很喜欢给他一个发黑的旧烟斗让他抽。他说：“虽然我当时只有 8 岁，但我可以和最好的卡车司机一起抽烟斗。”

奈史密斯想学习操作工厂里的机器，一天他向父亲抱怨说，另一个只比他稍大的男孩约翰尼·威尔逊（Johnny

Wilson）已经可以操作机器了。父亲向他解释道，他希望自己的儿子能接受教育这样将来能帮忙经营生意。“这给我留下了深刻的印象，所以我愿意放弃去锯木厂的想法，”奈史密斯说。不久后威尔逊来家里时没有了一根拇指，这毫无疑问也影响了他的决定。

奈史密斯认为他的未来会按部就班，但他的计划在1870年夏天被彻底打乱，在接下来的四个月里，他不得不接受失去锯木厂、挚爱的外祖父以及双亲的现实。

外祖父在1870年7月17日去世，享年68岁。当全家人还沉浸在失去至亲的悲痛之中时，锯木厂在一场火灾中被烧毁。当奈史密斯的父亲准备从这场悲剧中恢复过来时，他又不幸感染了伤寒症。在那个时期，流行病在农村地区并不罕见，一旦有人生病，医生几乎无法阻止疾病在家人和社区中蔓延。

约翰·奈史密斯生病的消息传到了阿尔蒙特的家人那里，他的内兄威廉想到了自己的妹妹玛格丽特和三个孩子的健康问题。威廉·杨（William Young）并没有听从他妻子的建议（妻子认为其他家庭成员可以照顾他们），而是转身将马匹套在雪橇上，只身前往奈史密斯家。

到了奈史密斯家中，威廉·杨让玛格丽特去拿孩子们的衣服，玛格丽特照办了。玛格丽特和三个孩子吻别，让他们跟舅舅走，自己留下来。奈史密斯对他母亲的最后印象是她站在家门口，自豪地挥手告别。奈史密斯的父亲沉疴难起，孩子们不能接近父亲，因为大人都在担心孩子也会因此染上疾病。

威廉舅舅和他的家人竭尽全力照顾孩子们，但还是没能阻止病魔的侵袭。约翰·奈史密斯在 10 月 19 日去世。不到三周后，玛格丽特·奈史密斯也去世了，她在照顾生病的丈夫时不幸感染了伤寒。她在 11 月 6 日去世了，那天也是安妮的 12 岁生日和吉姆的 9 岁生日。约翰和玛格丽特年仅 37 岁。他们很快被埋葬在河岛附近的一个小镇上。

孩子们搬到了他们的外祖母和单身汉彼得舅舅的家里，外祖母家位于本尼角和阿尔蒙特之间的路上。很长一段时间，詹姆斯都无比想念他的母亲，他记得母亲曾告诉他，当她还是个小女孩时也住在这里，她经常在谷仓里玩耍。每当他想起父母害怕自己的眼泪决堤时，他就跑到谷仓里，爬到里面，在那里他可以与母亲聊天。

多年以后，奈史密斯的女儿海伦回忆说，尽管外祖母竭尽全力为孩子们提供不错的生活，奈史密斯还是非常想念他的父母。海伦·奈史密斯在 1957 年写道："她是个很棒的女人，为了孩子们她能做一切，但奈史密斯从未停止过对于母亲的思念。他把所有的母亲都奉为完人，对他来说，母亲是非同寻常的。

"当小男孩的烦恼变得异常沉重，而且似乎没有人理解他时，他会去谷仓，爬进饲料箱，将盖子拉下来，和他母亲说话。

在黑暗中，母亲似乎离他更近一些。当他离开谷仓时，常常是满脸泪痕，他觉得世界并不是那么糟糕，事情会变得更好。”

对于父母的思念之情伴随着奈史密斯的一生，这影响了奈史密斯如何看待其他家庭中的关系。多年后，他写道：“没有经历过失去双亲的人是无法体会一个男孩对父母亲的渴望。当我的表兄弟们对他们父母不礼貌时，我会感到愤怒。我时常想，假若他们失去了父母，他们的表现会不会变得截然不同。”

1873 年 2 月 3 日，奈史密斯的生活再次发生变化，他的外祖母离他而去，留下他和他的姐姐、弟弟由他们单身的舅舅照顾，然而彼得也仅仅比安妮大 12 岁。据奈史密斯回忆，在他外祖母的葬礼上，他和弟弟在位于厨房上面的卧室里玩耍，他从床底下拿出一把老式小提琴，开始演奏 *Home, Sweet Home* 和 *After a fashion*，音乐声传到了楼下。当越来越多参加葬礼的亲友开始把注意力转移到门口时，奈史密斯的姨妈珍妮悄悄离开座位，寻找声音的来源。她发现奈史密斯和他的弟弟以及其他孩子正在演奏音乐。“她把小提琴从我这里夺走，并用她的膝盖磕碎了小提琴，”奈史密斯说，“从此，所有对音乐的渴望都从我的灵魂中彻底消失了。”

孩子们的舅舅下定决心尽可能做一个完美的监护人。即使是在天寒地冻的冬季（当时的气温经常骤降到零下 30 摄氏度），需要步行 2.5 英里（约 4 千米），他也坚持让孩子们去上学。一天，奈史密斯和他的姐姐安妮走在回家的路上，他们注意到有一只大熊和两只小熊在跟着他们。“姐姐比我大，她跑在我前面，不停地回头并大喊‘快跑，吉姆，它们就在你后面’。我拼尽全力奔跑，”奈史密斯说，“不是因为害怕熊会对我做什么，而是不想让它咬坏我的新靴子。”

熊终于停止了追逐，但奈史密斯再次回忆起这件事时是在几年后，那时他再次在月光下发现了他认为是熊的东西。他捡起一块石头，祈求上帝能够帮助他。“我径直向前走去，决心把石头扔出去，并大叫一声。当我走近那只动物时，我看到它竟然是一头白牛，侧面有一块很大的黑点。我如释重负，继续回家。我经常在想，是上帝给了我勇气，让我去发现它其实是一头牛，抑或是上帝回应了我的祈祷，把熊变成了一头牛。”

奈史密斯的生活是丰富多彩的：上学、在农场工作、和朋友们玩各种游戏。虽然他也遇到了很多麻烦，但让他记忆犹新的是曾经有一个高大的男孩经常嘲笑他，哄他去打架。奈史密斯前六战都败北了，但在他们的第七次战斗中，奈史密斯成为赢家，这提升了他的自尊心。

本尼角的小学离家 2.5 英里远，阿尔蒙特的高中刚好位于同样距离的相反方向上。奈史密斯并不是最具天赋的学生，在他的整个求学生涯中，相较于学习，他更喜欢在舅舅的农场工作，在伐木营工作，或者与他的朋友玩游戏、游泳和钓鱼。奈史密斯写道：“我为了课间休息和晚餐时间而忍受着这些课程，我学到的东西大部分是因为痴迷而不是通过刻苦努力。举个例子，有一天晚上我被留下来要求学习拼写一些单词，与此同时，我的表弟彼得·杨也被要求留下来学习一首诗。我学会了诗歌，但忘记去学拼写单词了。”

在冬天，坐雪车（大雪橇、平底雪橇）和滑冰是人们在冬季经常进行的活动。当天气比较暖和时，奈史密斯和朋友们经常去印第安河里游泳或钓鱼。奈史密斯说：“这是典型的男孩游戏，在水中他们互相躲避，把泥滩当作滑梯玩。”

秋天，男孩们在田野里捉鸟和兔子，在河里捕大的北梭鱼（白斑狗鱼）。奈史密斯特别擅长夜间在独木舟上叉鱼。

晚上，镇上的年轻人总是在本尼角的铁匠铺附近闲逛，因为 1851 年的一场大火摧毁了该镇的大部分地区，到 19 世纪 70 年代时，本尼角已经不是一个富饶的村庄了。在奈史密斯成长的过程中，这个地方只有很少的住宅、小学、一家商店和铁匠铺。他回忆说：“看到一群男孩聚集在铁匠铺的铁砧旁，试图相互争斗，这是一种很常见的景象。他们最喜欢的游戏之一是试图通过抓紧锥形的工具来抬起铁砧，在商店后面的枫林中，一些男孩试图做一些其他人都不敢做的特技。他们会从一根树枝上荡到另一根树枝上，或者在离地面很高的树枝上闪转腾挪，冒着摔断胳膊和腿的危险，就为了努力超过竞争对手。”

大多数比赛都出自其中一个小孩的突发奇想。这些游戏的主要内容往往是跳高、摔跤或打架，这些比赛都是孩子们自己构想的，就是为了有事可做。另一个经常进行的比赛是拔河，但奈史密斯最喜欢的游戏，也是他许多朋友都喜欢的游戏，叫作“石头上的鸭子”。

这个游戏结合了标签和投掷。“目标”是一块大石头。每个人都有一块小石头，游戏开始时，一个人被选为“守卫”，将他的石头放在大石头上面。其他人在距离石头 15 至 20 英尺外排成一列。每个人的目标是投掷自己的石头，将守卫的石头从大石头上打下来。如果成功了，他就走到队伍的最后，等待下一轮。如果他没有投中，那么比赛继续。如果他捡回自己的石头之前，就已经被守卫贴上标签，那么这两人就必须交换位置。奈史密斯在晚年指出：“大多数时候，孩子们都没打中，当他们去捡回‘鸭子’的时候，守卫就会趁机给他们贴上标签。”他说他喜欢这个游戏，因为它需要游戏参与者同时具备保持警觉性、抓住良好的时机和敏锐的躲避能力。

随着时间的推移，孩子们发现，如果把石头像棒球一样扔出去，它能够飞得更远，同样也增加了被守卫捡到的可能性。事实证明，用弧线投掷更准确、更容易成功，而且即使投偏了，石头也不会弹得太远。这种游戏在课间和晚上进行。这项运动也潜移默化地影响了奈史密斯的未来。

在他的青少年时期，除了与朋友们一起狂欢外，奈史密斯最常见的活动是在农场工作以及协助他舅舅做家务。当农场有额外的工作要做时，他经常会因此错过上学，所以他在高二宣布退学在农场全职工作的事，也就不足为奇了。

冬天，农场的工作很少，奈史密斯就去伐木营工作，这段经历同样对他的未来产生了至关重要的影响。“我想到有件事很可能是启发我开始思考的契机，”奈史密斯说，“大概是在14岁的时候，有一天我和农民一起工作，他们在修路，我在计算他们的人头税。他们中的一个人递过一个黑瓶子（里面装满了酒），很多人都喝了这瓶酒。在第二轮时，他坚持要我也喝。我拒绝了，我的堂弟皮特·奈史密斯（Pete Naismith）有些醉意，走过来说：‘詹姆斯·奈史密斯想喝就喝，不想喝就不喝。我认识他的母亲，我想她不会希望他喝酒的，如果他自己不想喝，这里没有一个人可以让他喝。’”

在伐木营的工作让奈史密斯接触到了他以前没有见过的人与事。他接触到了背景有别、道德观念不同的人，就像其他处于这种环境中的人一样，他也想融入其中，被他们视为群体中的一员。安妮提醒他，母亲会对他现在的生活方式感到不安，奈史密斯意识到姐姐说的是对的。

早些时候，奈史密斯发现，他的弟弟罗伯特已经嗜酒如命。“有一天，我想到……他会因此沉沦堕落为一个酒鬼，”奈史密斯说，“我们商量了一下，同意从此以后不再碰酒，我们都遵守着彼此的承诺。”

农民劝酒事件发生后，奈史密斯和他的弟弟在教堂里宣誓：“只要我的名字还在《圣经》里，我就不会把烈酒当成饮料。”这个誓言很快就迎来了考验，当时奈史密斯正在驾驶雪橇，他的道路被那些决心要让他喝威士忌的人挡住了。他说：“我伸出手来，取下了一根雪橇桩，并告诉他们，如果他们不继续忙自己的事，我会把他们的脑袋打开花。”多年以后，奈史密斯提到，正是威士忌对于年轻人的诱惑“让我学会根据母亲希望我做的事情来引导和纠正自己的行为”。

奈史密斯的母亲也许会对儿子辍学的决定感到失望，他的确有自己的想法。但是无论如何，她都肯定会认同他的工作态度。舅舅彼得给了奈史密斯一支马队，让他在田里全职工作。一直以来，奈史密斯都想拥有一辆属于自己的红轮马车，此刻，他终于实现了这个心愿。

有一天，奈史密斯自己和他的马匹在渡过密西瓦卡河时遇到了麻烦，这也让他彻底明白了自力更生的重要性。他回忆说：“我被指派过河去运送干草。人们通常会选择顺流而下的路线，但我决定尝试开辟一条新的路线。我带着雪橇越过冰面，上面装着我的货物。在回程时，当我就快要走出冰面时，冰面刚好碎裂了。另一匹马紧随其后掉落水中，现在所有的东西都在水里。

“如果跑去求救，就会失去马匹，只能靠我努力把队伍带到岸边……我清楚地记得我的喉咙里生起了一个肿块（我在瞬间长出了喉结）。一支价值不菲的马队在水中挣扎，只是因为我太着急了，没有顺着溪流走四分之一英里（而是选择冒险走在冰面上）。幸运的是雪橇没有穿过冰层，我绕一圈，松开了双驾横木。接下来，我拿起一根缰绳，在马的脖子上系了一下，因为它在踢腿和挣扎。我又把它拉到了冰面上。我竭尽全力反复拉扯，终于把两匹马都拉回到岸上。

“类似的事情经常发生在乡村男孩身上，只是城市里的男孩很少有机会经历这样的事情。”

当他和马匹都回到岸上时，奈史密斯无意间回头一看，他发现他的舅舅彼得站在一棵树旁。“我不知道他在那里站了多久，”奈史密斯说，“但我敢肯定在我把马拉出来之前他就已经站在那里了。”奈史密斯吸取的教训是，当他陷入困境时，除了他自己，没有人可以依靠，只有靠他自己才能摆脱困境。

他说：“当一个男孩和一群人被派往田间时，他需要处理团队的问题以及可能出现的各种紧急情况。他经常会离家很远，如果他拖拽原木时弄断了一棵树，就得由他来处理这一问题并继续他的工作。”

1876 年，命运再一次改变了奈史密斯的生活。他与 9 岁的男孩罗伯特·泰特·麦肯齐（Robert Tait McKenzie）成为朋友，罗伯特是当地长老会牧师的儿子，一个星期天，麦肯齐牧师在讲完道后，因心脏病发作不幸逝世，留下了他的遗孀和三个年幼的孩子。为了给新的牧师让出位置，这个家庭不得不离开教会提供的房子，社区一起筹集资金为这个家庭建造一个新家。然而，在建造的这段时间，这家人也需要一个住处，最终泰特·麦肯齐搬到了奈史密斯家中，这为他们在大学时的友谊奠定了基础，这段友谊相伴余生。

麦肯齐后来回忆起他一直是仰视以及钦佩奈史密斯的。“吉姆是许多人少年时代的英雄，”麦肯齐说，“春天就着装满松节的南瓜灯的灯光，在洪水泛滥的滩涂上捕鱼；捕杀吃羊的野狗；夏天骑马、划船、耕作和捕鱼；秋天在农场生活，冬天在阿尔蒙特的学校。他挑战捆小麦彰显了他热爱竞争的本性。”

麦肯齐对奈史密斯捆绑小麦时的表现印象深刻。麦肯齐写道：“他一手拿着刚刚捆好的小麦，并将其抛向空中，在第一捆小麦落地之前弯腰捆扎另一捆小麦，并和收割场上的人比赛做同样的事情。”

奈史密斯对青年时期的麦肯齐的发展产生了巨大的影响，但也有部分是麦肯齐自身的原因。时光荏苒，几年眨眼间就过去了，奈史密斯做了一个决定，他要重返高中。他当时 19 岁了，这个年龄当时大多数同龄人都已经完成高中学业。考虑到他的年龄，学校管理人员作出了一个不寻常的决定：让奈史密斯以新生身份重新入学，和比小他五岁的同学一起上课。

当他告诉舅舅他的决定时，奈史密斯终于承认了他五年前退学的部分原因。“我告诉舅舅，这是因为当时我和一群男孩鬼混在一起，他们的想法和行为都和我不一样，我担心自己会变得和他们一样，”奈史密斯说。毫无疑问这是他的心里话，但很显然他在退学的时候，并没有认识到教育的价值。直到19岁时，他的观点已经彻底改变了。

有一段时间，奈史密斯一直做不出像样的凳子，他的舅舅鼓励他用头脑而不是用双手来谋生。“我想让他知道我可以做一些好东西，我花了一下午时间做了一个餐具柜，”奈史密斯回忆说，“这种努力不一定会有效果，因为我突然意识到，也许他是对的。”

如果当年西北骑警没有在他和他的朋友试图入伍的时候因为年龄问题而拒绝他们，那么奈史密斯的人生轨迹将会发生很大改变。奈史密斯的朋友在接下来的一年又尝试一回，终于被允许入伍。但到那时奈史密斯说：“我已经有了新的人生目标。”

奈史密斯的目标是在高中毕业后继续上大学。他的第一个目标是成为一名医生，但他断定从道德角度出发，自己无法胜任这项工作。他说：“有些事医生应该做，但我却不忍心去做，比如让一个严重畸形的婴儿死亡。”因此，奈史密斯决定成为牧师。他说服了高中行政人员相信他是认真的，第一学年不到一半时间，学校允许他跳级。第二年同样如此，所以奈史密斯只花费两年时间就完成了四年的学习。他经常在晚上熬夜学习，时常利用步行往返学校的时间来背诵作业。

奈史密斯说："对我来说，科学比较容易，语言却十分困难。我们班总共有 42 人参加常规科目以及数学和几何科目的考试；我的成绩总是名列前茅。但在语法方面，我却只能排在第 42 名，如果班里有 50 个人的话，我可能也会是倒数第一。

"有一天，班主任让我放学后留下来谈话。他说：'奈史密斯，你的大部分课程都学得不错，但在语法方面不尽如人意，是哪里出现了问题？'我告诉他，我知道所有的语法规则，也能正确地复述一遍，但我看不出它们到底有什么用。他走到黑板前，分析一个句子，并解释他在做什么。

"我拦住他说，'这就是你的目的吗？'他说这就是他想要的。我告诉他这就是我所需要的，很快我也会成为那个班级的第一名。"

在他高三那年，一所农村学校的老师生病了，学校要求奈史密斯在剩余的学期里教这个班的学生。当检查员来检查成绩时，他发现奈史密斯班级的学生数学成绩最低，语法成绩最好。奈史密斯学到了另一个经验是——教一门连你都需要努力学习的科目往往比教一门你学起来容易的科目更简单。

奈史密斯清楚他必须通过拉丁语和希腊语的考试，才能被蒙特利尔的麦吉尔大学录取，因此他把所有的课余时间都用来学习这些科目。事实证明，希腊语是一个特别的挑战。"我拼命地研究了色诺芬（Xenophon）的《希腊远征波斯记》（*Anabasis*），光是第一句话就用了两周的时间，"奈史密斯回忆说，"到了秋天，我读完了这本书的一半，并参加了大学入学考试。当打开希腊文的试卷时，我发现至少有一半的试卷内容是来自这本书，但我却从来没有接触过这部分。但我全力以赴了，最终我也通过了考试。"

虽然被麦吉尔大学录取，但奈史密斯还在为他的大学学费感到困扰。有一天，舅舅走到他面前，询问了关于学费的问题。奈史密斯说他会想办法的。"然后他告诉我，如果我夏天回家并在农场工作的话，他会在冬天给我发工资，"奈史密斯解释说，"我高兴地把握住了这个机会。"

1883 年秋天，奈史密斯开始了他的大学生活。

第二章 大学时光

奈史密斯不仅需要适应大学生活的节奏，从阿尔蒙特的农村农场来到蒙特利尔的大城市生活的他，同样需要去适应城市的生活。他后来写道："当我走在街道上时总会有种奇怪的感觉。我一直生活在一个人人都认识我的地方，这也在很大程度上限制了我的行动。但现在在这里，我独自生活在一个陌生的城市，我可以随心所欲地做我想做的事。我第一次体会到这种感觉，我意识到我是自己的主人，有好几天我大部分时间都在体会这种感觉。"

奈史密斯做出一个决定，他将学习摆在首位。他坚信成为牧师的决定是无比正确的，但前提条件是他必须在获得学士学位后才有资格进入神学院学习。他写道："我决心要尽快达成目标，所以我立刻进入状态开始学习。我在功课上花了很长的时间，其他一切都抛在脑后，我的心里只想尽快获得学位。"

在奈史密斯房间的墙上挂着一个小牌子，上面写着他在整个大学时代所遵循的座右铭："今天要做最努力的人。"

奈史密斯大一的所有课程都是必修课。大多数学生都可以自由选择学习法语、德语或是希伯来语，但那些在高中时学习法语或德语不到一年的学生（奈史密斯也在其中）必须学习希伯来语。奈史密斯以前学过希腊语和拉丁语，这让他学习希伯来语有了充分的准备，但他仍面临一些困难。

"有堂课是在1点钟，刚吃完丰盛的午餐，大家都昏昏欲睡，"他回忆说，"我们的教员是一个来自诺曼底（Normandy）的布列塔尼人，他大约60岁，是个和蔼可亲的人。有一天，他给了我一个句子让我将翻译的结果写在黑板上。我翻译的结果只有两个词，我把答案写在黑板上，并看向他以确认答案是否正确。他说：'很好，奈史密斯先生。两个单词，两个错误。我想如果你知道更多的词，你就会写出更多的错误答案。'我赶紧把黑板上的错误答案擦掉，修改为正确的答案。他说：'我知道你知道正确答案，但你在犯困。'"

一天晚上，奈史密斯正在房间里学习，突然听到有人在敲门。开门后他惊讶地发现是两个不认识的学生。一阵寒暄后，其中一个叫吉姆·麦克法兰（Jim McFarland）的人开始进入正题。他是一名大三学生，是麦吉尔大学的优秀运动员。另一位学生是唐纳德·杜瓦（Donald Dewar），也是大三学生，但他不是运动员。

麦克法兰说：“奈史密斯，我们已经注意你很久了，我们发现你从来都不参加任何活动。你在书本上花费了太多时间。”

尽管麦克法兰的身体状态很好，但杜瓦却并非如此，因为杜瓦看上去就像个病人。杜瓦说：“相信我，奈史密斯，麦克法兰说的都是真的。我也不听信这些人的话，但结果你也看到了。”

三个学生又聊了一会儿，当麦克法兰和杜瓦准备离开时，奈史密斯感谢他们的建议。然而，在他们离开后，他开始的想法是拒绝：“我确信自己已经足够强壮，学习再怎么努力都没事，再说，我也没有时间去运动。”

然而，那天晚上入睡前躺在床上，奈史密斯却翻来覆去地思考他们提出的建议，“我想了很多遍，逐渐清楚地意识到，他们这样做纯粹是为我着想。我决定第二天去体育馆看看他们在做什么。”

第二天下午，奈史密斯第一次来到了麦吉尔体育馆，在那里他见到了弗雷德里克·巴恩朱姆（Frederick Barnjum），他是加拿大体育教育界的传奇人物，也是麦吉尔大学体育项目的负责人。他的到来使麦吉尔大学成为北美最早承认体育教育是大学常规课程的一部分的大学之一。这些活动对奈史密斯来说再合适不过。很快他就乐在其中。

“在此之前，我未曾踏入过体育馆，但我习惯于在谷仓和建筑物的椽子上爬来爬去，做引体向上胜过其他男孩，并将爬梯子作为一项特技，所以各种靠力量的运动对我来说都是小菜一碟，”奈史密斯回忆说，“需要依靠灵活性的运动就比较困难了。最吸引我的器械是平梯和双杠。”

大一学期结束后，奈史密斯牢记对舅舅的承诺，回到农场工作，他经常从早上 4 点多钟开始工作，一直工作到日落，在加拿大北方的仲夏时节，日落常常要到晚上 10 点。尽管日子很长，工作也很辛苦，但奈史密斯认为这是一个值得的交易，因为他的舅舅承担了他的大学学费。

1884 年秋天，当他回到麦吉尔大学时，奈史密斯没有想到他即将经历另一个改变人生的事件。那时候在大学里，有组织的体育运动依然罕见，麦吉尔大学最好的球队是英式橄榄球球队（美式橄榄球是这项运动后来发展的一个变种）。

某天傍晚，奈史密斯与朋友一起去市中心玩耍后回到校园，他停下来观看球队的训练。在并列争球时，中锋不小心被人打破了鼻子，但没有替补队员。球队队长萨克·埃尔德（Sack Elder）在观众中征集志愿者。几分钟内都没有人站出来，直到奈史密斯脱下外套走上球场。他后来回忆说：“我尽力填补了这个位置的空缺。”

训练结束时，队长询问奈史密斯，问他能否在星期六对阵女王大学（Queens University）的比赛中代替受伤球员出场比赛。奈史密斯同意了，但有个条件——他要穿这个受伤球员的球衣。每个球员都想拥有自己的球衣，奈史密斯知道他无法在比赛前得到一件属于自己球衣。队长同意了，奈史密斯现在是橄榄球队的一员，在接下来的六年里，他一直担任着这个角色。在此期间，他从未缺席过任何一场比赛。

众所周知，奈史密斯在橄榄球场一战成名。在对阵女王大学的比赛结束后，麦吉尔大学又与多伦多大学（Toronto University）进行了一场比赛。媒体因为奈史密斯的出色比赛表现专门点名表扬了他。《麦吉尔大学公报》（*McGill University Gazette*）宣称“新的争球手奈史密斯非常出色地取代了马修森（Matthewson）——他就是之前训练中鼻子被打歪的那个人”。

在球队打球需要极大的奉献精神。每天的训练开始于早上6点，对于深秋时节的加拿大来说，天气往往是十分恶劣的。许多学生要上课直到天黑，因此球队又不能在当天晚些时候训练。这项运动还要求奈史密斯进行一些自我心理调整，因为他曾被灌输当时十分流行的观点——田径运动是魔鬼的工具。

奈史密斯原本的计划是进入神学院并成为一名牧师，许多同学都无法理解他将如何证明参加橄榄球队的合理性。奈史密斯被他们的想法逗乐了，其中有一次，他得知他的一群朋友聚集在一起为他的灵魂祈祷。他知道，他的亲姐姐安妮也会因此为他祈祷。

奈史密斯对于饮酒的道德信念也因他参加橄榄球队而受到挑战。在他大二赛季结束后的球队宴会上，每个座位前都摆放着一杯白葡萄酒、一杯红葡萄酒、一杯威士忌和一杯白兰地。“当我环顾四周时，我找不到一个不喝酒的人，”奈史密斯后来写道，“我的思绪回到了教堂里的那本书上，那句话让我记忆犹新——只要我的名字在那本书上。我如果有能力，就会冲出去把这些酒都扔掉，但那是不可能的，我在地狱里煎熬了两个小时，心里想着餐桌上的每一个人都会认为我是个娘娘腔。但直到宴会结束，我都没有碰过酒杯。从那天起，我会毫不犹豫地拒绝喝酒。”

有时候，队里的一些球员认为不喝酒的球员喝姜味汽水也很有趣。奈史密斯说：“在一次旅行中，我记得我坐在一个神学院学生的对面，他不停地唱着粗俗的歌，还要求我们不要告诉别人他已经喝醉了。正是橄榄球的这一面使得它不被神学院的领导所喜欢，也使我们不得不低头接受谴责。但比赛中激烈竞争的吸引力以及为学校奋斗的愿望战胜了对于教师和学生威胁的恐惧，我们依然坚持继续比赛。”

我们不得而知，1884 年，当奈史密斯回到农场过圣诞节时，他是否和他的姐姐谈论过他参与了体育活动。但事后我们知道他又要经历另一场人间悲剧。他的弟弟罗比，当时 18 岁。罗比生病了但没有人能够诊断出到底是什么病。罗比在新年前夜睡觉时一直说自己的肚子疼，而且疼痛在夜间也没有缓解。

当家里的其他人都离开房间后，罗比向他的哥哥提出了一个可怕的请求，这个请求将在奈史密斯的余生中一直困扰着他。罗比·奈史密斯（Robbie Naismith）说："你不忍心一只兔子遭受这样的痛苦而不杀它，那你为什么不杀了我？"

当然，奈史密斯并不打算接受他的请求。他想帮助他的弟弟，但他不知道应该怎么做。自从他们的母亲去世后，全家人的小毛小病都是由他的姐姐安妮来照顾的，她认为胃痛的正确治疗方法是一剂泻盐。但不到一个小时后，罗比·奈史密斯因为阑尾穿孔而死。

弟弟的死让奈史密斯深受打击。虽然没有人可以取代罗比在他心中的地位，但与泰特·麦肯齐的友谊最大限度地弥补了奈史密斯的创伤。麦肯齐于 1885 年秋天进入麦吉尔大学学习，并成为奈史密斯的室友。他很快就跟随奈史密斯进入体育馆，成为运动课的常客。

"吉姆和我经常在课后逗留并尝试特技，"麦肯齐在晚年写道，"通过这种方式，我们学会了比较简单的空翻——手翻、后空翻和前空翻，经过一段时间的训练，我们达成了兄弟般的默契，并会不时地偷偷跑去剧院表演杂耍，这个剧院通常都有很精彩的杂技节目。他是在下面的那个人，而我因为体重较轻，通常被安排在上面表演。很多时候，他用他的稳重拯救了我的脖子。”

这种表演越来越多，当他们表演的消息传到家乡阿尔蒙特时，奈史密斯和麦肯齐被邀请在圣诞节期间在市政厅进行表演，作为高中音乐会的一部分。麦肯齐说：“我们的表演以凯瑟琳车轮动作结束。在这个节目中，每个人都抓住搭档的脚踝，头向下钻滚过舞台，就像一个旋转的轮子。我们习惯于只转六圈，但不幸的是，那个舞台很小，我们发现在意识到之前自己就已经转出了舞台，而且根本来不及停下来。于是我们冲进了舞台侧面的化妆间，倒在了正在换衣服的合唱团姑娘们中间。”

麦肯齐还回忆说，奈史密斯在麦吉尔大学除了学习、练体操和打橄榄球之外，还参与了其他活动。“当学习时间变得过于紧张时，他通常会带头突袭大学宿舍里那些毫无戒备的精英舍友，”麦肯齐说。很多次他不得不出现在学校领导面前做出解释。然而，由于他在学术和体育方面的成功，学校领导通常在奈史密斯为自己的行为道歉后，只给他一个警告和轻微的处罚就放他回去了。

奈史密斯和麦肯齐都加入了第五皇家苏格兰军团（Fifth Royal Scots），该军团后来成为加拿大皇家第十三高地军团（Thirteenth Royal Canadian Highlanders）。他们穿着红色大衣和苏格兰褶裥短裙参加游行。麦肯齐说："有一次，我在一次长途行军后晕倒在训练宿舍里，他找出租车把我带回了家，这对于我来说很不光彩。我从一开始就扭伤了脚踝，在穿着鞋带系得很紧的靴子行军的压力下，脚踝已经肿了起来。"

然而，在橄榄球场上，麦肯齐和其他人对奈史密斯的赛场成就赞不绝口。麦肯齐回忆说："他打败了在体重上有绝对优势的对手。我经常看到他在比赛后疲惫不堪，凶喘肤汗，但在比赛中，他动作敏捷，足智多谋，通常都能战胜对手。"

1886 年 11 月 6 日，奈史密斯所在的麦吉尔队对阵女王学院（Queens College）。那天的天气十分恶劣，比赛在暴风雪中进行。在上半场没有得分的情况下，麦吉尔队在下半场利用有利的风向，打出一波 10 比 0 进攻高潮，最终赢下比赛。同样，那年对阵多伦多大学的比赛也是在皑皑白雪上进行的，而且比赛中雪越下越大。

奈史密斯回忆，有一天晚上，在一场万分艰难的比赛后，在吃饭时，他的头突然倒向了一边。"当我试图用手将头扶正时，它又倒向了另一边。好几天，我的头都抬不起来。当时既没有教练，也没有人来照顾我们的伤势，我们只能以最好的方式自我疗伤。"

在大三和大四时期，奈史密斯坚持着他的两大目标，一是坚持体育锻炼，二是成为牧师。1886 年夏季，他在加拿大马尼托巴省（Manitoba）（加拿大中南部）作为传教士工作了三个月。在那里结交的新朋友送给他一块刻有图案的怀表作为礼物，他在秋天将这块怀表带回了麦吉尔大学。他在体育方面延续着优异成绩，在低年级时，他就赢得了学校的最佳体操全能奖，在高年级时再次获得这一殊荣。

奈史密斯还参与了其他体育活动，包括足球、长曲棍球和拳击。除了校内足球比赛外，奈史密斯还经常参加麦吉尔大学与城市球队的比赛。大四时，他加入了蒙特利尔三叶草队（Montreal Shamrocks）——一支专业的长曲棍球球队。他为了学习拳击每天很早就起床，和一群学生去一个叫吉米·拉特（Jimmy Latter）的人那里拜师学艺。“在零下二十摄氏度的冬天，我们早上6点起床，步行到拉特的谷仓，学习这门温柔的艺术，”奈史密斯写道，“我从来没有后悔过在拳击上花费的时间以及在寒冷的雪地里度过的旅程。我希望每个学生都能好好地学习拳击。”

1887年4月30日，奈史密斯获得了他的学士学位。随后，他进入麦吉尔大学长老会学院学习，向着牧师的目标又迈进了一步，但他选择继续从事体育活动。事实上，当麦吉尔大学的传奇体育教育主任弗雷德里克·巴恩朱姆去世后，他的参与程度有所增加，大学要求奈史密斯接管巴恩朱姆的课程。奈史密斯同意这样做，以此来资助他在神学院的教育。

一些同学以及神学院的老师一直对奈史密斯感到失望，因为他大量地参与体育活动，尤其是代表橄榄球队比赛。在一次与渥太华大学激烈的比赛后，奈史密斯身上留下几处瘀青。第二天早上，作为一名学生牧师，他带着很重的黑眼圈爬上了长老会的讲坛。当他出现在《旧约》文学解释的课堂上时，他的眼圈仍然是黑色的。

尽管他遭受同学和老师的抗议，但奈史密斯还是无法得出这样的结论：作为一名基督徒，学习成为一名牧师，就意味着他不应该参与和享受体育和运动。耶鲁大学的阿莫斯·阿隆佐·斯塔格（Amos Alonzo Stagg）在麦吉尔大学的演讲更加坚定了他的信念，他在演讲中说道，成为一名优秀运动员和成为一名优秀基督徒需要拥有许多相同的品质，包括热情、坚持和努力工作。

大约在同一时间，奈史密斯经历了比赛场上的一些事，使他更加确信，他应该找到一种方法，将体育和传教这两者相结合。在一场麦吉尔大学和蒙特利尔体育俱乐部的比赛中，麦吉尔大学的四分卫的鼻子被打断了。麦吉尔队没有替补球员来代替他的位置。当蒙特利尔队的队长听到这个消息时，他马上说自己球队的四分卫也将撤下，以使双方平等对战。然而，麦吉尔队的四分卫却坚持要求上场比赛。听到这个消息后，蒙特利尔队队长又将队员们聚集在一起，告诉他们在与对方受伤的四分卫交手时要小心，避免造成进一步伤害。奈史密斯说：“我一直认为这是我所见过能展现体育精神的最好例子之一。”

当一个绰号为“醉鬼”的橄榄球队员嘲笑奈史密斯读《圣经》而不和其他队员一起出去玩并叫他娘娘腔时，奈史密斯一拳把他打倒在地。

奈史密斯在神学院的第四年，在一场激烈的橄榄球比赛中，麦吉尔大学球队的左护锋被安排在奈史密斯旁边，不知怎么的，他突然大发雷霆并开始骂人。但他突然转身对奈史密斯说：“请原谅，詹姆斯，我忘了你在那里。”奈史密斯说：“这让我有些吃惊。这是第一次有人因为在我面前说脏话而真诚道歉，同时，我也感到很奇怪，因为我从来没有说过脏话，也没有反对过说脏话。

“后来，我仔细想了想，我对他的行为能给出的唯一理由是，我全力以赴参与了这场比赛，但还是控制住了自己……虽然在人们眼中我从来不是一个乖巧的孩子，但不管是在生活中还是在运动场上，我都会笑着接受打击。”

这些经历让奈史密斯意识到，与传统的牧师活动相比，他也许可以通过运动为年轻人提供更多的服务。奈史密斯在1928年的一封信中写道：“我注意到一个事实，即除了传教之外，还有其他影响年轻人的方法。在比赛中，我们很容易看到，一个思想和行为纯洁的人，以男子汉的方式参与比赛，可以赢得最粗枝大叶的人的尊重和信任。得出这样的结论是很容易的，即艰苦纯粹的运动可以用来为年轻人设定一个高标准的生活目标。”

他找到蒙特利尔基督教青年会干事D.A.巴奇（D.A. Budge）先生，告诉他这些事件和他的结论，并向巴奇先生征求意见。蒙特利尔基督教青年会于1851年成立，是1844年在伦敦成立的基督教青年会的第一个北美分部。多年来，因为奈史密斯经常访问青年会，他与巴奇渐渐成了朋友。巴奇告诉奈史密斯，在马萨诸塞州斯普林菲尔德（Springfield）的一所学校正在培养和教育男子在体育方面工作。奈史密斯很感兴趣，他想深入了解这所学校。

这所基督教工人学校成立于1885年，并在两年后新设立了体育训练部门。1890年，学校更名为基督教青年会培训学校，一年后成为国际基督教青年会培训学校（International YMCA Training School），在后来的日子里，该机构的名字又改了两次：1912年改为国际基督教青年会学院，1954年改名斯普林菲尔德学院（Springfield College）。在奈史密斯任职期间，该校提供为期两年的教学计划，其中包括将精神与身体发展相结合，培养毕业生在基督教青年会、学校、教堂、青年组织和其他地方工作或者教学。青年会的分支机构迅速扩张；1851年，在蒙特利尔成立后的短短几个月后，美国的第一家青年会就在波士顿成立。

奈史密斯还去拜访了他最喜欢的一位教授，征求他的意见，那位老师告诉他："奈史密斯，我不能告诉你应该怎么做。虽然这个新领域看起来不错，但我会完成神学的课程；之后如果你不喜欢这份新工作，你可以回到你原来的领域。"

当奈史密斯在决定是否要放弃成为牧师时，他从老朋友泰特·麦肯齐那里获得了更多的建议。麦肯齐说："在奈史密斯决定放弃成为牧师转而从事体育教育之前，他十分纠结。在那个时候选择离开传统、熟悉的领域，前往未知而又相对陌生的行业是需要勇气的，但是一旦作出决定，他就从未动摇过，我想，他也从未后悔过。"

最终，奈史密斯决定，因为他的人生目标是帮助教育和培养年轻人，那么他通过体育界的工作可以发挥更大的价值，并有可能接触到更多的人，而不是成为教会的牧师。

奈史密斯确实听从了教授的建议，完成了他的神学学习。他在 1890 年 4 月 18 日获得学位，这使得他有资格接受牧师职位的召唤。他在夏天访问了加拿大和美国的几个基督教青年会，并且在事先没有通知的情况下在斯普林菲尔德学校驻足停留。

他的大多数朋友，甚至他的姐姐安妮和舅舅彼得都在批评他放弃了牧师这份工作。"你都已经做好了准备，"安妮告诉他，"然后却半途而废。"然而，他心里明白，这是一个正确的决定。“我开始确信沿着这条路可以完成一项伟大的工作，并决定加入斯普林菲尔德的培训学校。”

当他到达斯普林菲尔德时，奈史密斯被要求与体育系主任卢瑟·古利克（Luther Gulick）博士先见面。但当奈史密斯到达后，却被告知古利克博士正在上课，奈史密斯便坐下等他。“我是在一所英国大学学习，在那里我认识的所有教授都是年长的人，他们沉稳而威严，”奈史密斯后来描述了当时的情景，“在我等了几分钟后，一个和我年龄相仿的人走进了办公室。他又高又瘦，眼睛是明亮透彻的蓝色，头发和胡须是一种奇特的橘红色。这个人以快速而急促的步伐穿过房间，用手指着桌上的邮件，然后走到我坐的地方。他脸上带着迷人的微笑，伸出长满雀斑的手，欢迎我来到学校。我立即对古利克博士产生浓烈的敬意，我知道这个人是学校的院长，我将会享受这份工作。”

奈史密斯回到阿尔蒙特度过剩余的假期。他遇到了另外两个加拿大人，渥太华的 T.D. 巴顿（T.D. Patton）和蒙特利尔的戴夫·科比特（Dave Corbett），他们也在斯普林菲尔德学校上学。三人于 9 月前往南方，准备迎接新国家的新挑战。

“我认为这是一个新的领域，我可以在这个领域中做对人类有益的事情，也可以在传教中做有益的事情，而且有些人在一个领域中能够比在另一个领域做得更好，”奈史密斯说，“田径和体操在当时被看作是魔鬼引诱年轻人误入歧途的一种手段。然而，我觉得，如果魔鬼利用它们来引导年轻人，它一定是存在某种合乎逻辑的吸引力，而且它可能被用来引向一个好结局，也可能相反。”

第三章 斯普林菲尔德的挑战——一个新游戏

1890 年秋天，奈史密斯抵达斯普林菲尔德后首先做的一件事就是——拜访古利克博士。他走进院长办公室时，发现古利克博士正坐在办公桌前与一位年轻人交谈着。古利克看到奈史密斯后，随即站了起来，并把一同进校的另一名学生阿莫斯·阿隆佐·斯塔格介绍给奈史密斯。

斯塔格曾是耶鲁大学的一名全美橄榄球运动员，也是一名神学学生，他和奈史密斯在人生和体育方面有着许多相同的想法和理念，因此，他们也顺理成章地成了好朋友。和奈史密斯一样，斯塔格与古利克也都 20 多岁，他们三个的看法也基本一致，他们都认为不仅要在体育方面锻炼年轻人，更要培养出具有正确价值观和良好性格的人。

古利克的父亲是夏威夷传教士，古利克发明了“Y（基督教青年会）”的倒三角符号，分别代表了思想、身体和精神。

1891 年，他自费为基督教青年会创办了一份名为《三角报》的报纸。多年后，奈史密斯回忆道：“古利克是为数不多的令我尊敬的人，他的教义我时刻铭记于心，对我的职业和人生都有长远帮助。”

斯塔格和奈史密斯一样，都曾接受过牧师教育的洗礼，但却都放弃了牧师的职业，转而选择投身体育领域，与年轻人打交道。斯塔格同样也是耶鲁大学的明星投手，他也拒绝了职业联赛纽约巨人队的签约合同。

也许是因为斯塔格的存在，古利克决定在基督教青年会培训学校组建一支橄榄球球队，并任命斯塔格为教练。从学校的 57 名男生中挑选了 13 位加入球队，其中也包括奈史密斯。

奈史密斯写道：“就在揭幕战之前，我才刚和斯塔格会面，多年后他已经成为美国橄榄球界的元老。那时在更衣室里，在我们即将上场之前，斯塔格给我们作出指示后转过身来对我们说：‘让我们祈求上帝保佑我们的比赛。’

“他没有祈求胜利，而是祈求每个人都能尽其所能，展现出真正的基督教精神。”

在 1890 和 1891 年，这支球队被称为“斯塔格的矮壮基督徒”。这并不让人感到奇怪，因为这支球队与哈佛、耶鲁、阿默斯特学院以及其他东部学院和大学进行了比赛。奈史密斯在球队中担任中锋，正如他在麦吉尔大学所做的那样。

“我开始注意到斯塔格具备作为教练的天赋，并注意到他会选择一个人担任一个位置，并会让其始终在这个位置上，”奈史密斯说，“他似乎有一种不可思议的能力，能够将正确的人放在正确的位置上。有一天我问他为什么选择让我打中锋，斯塔格看着我，严肃地回答道：‘吉姆，我让你打中锋是因为你能用最绅士的方式做最卑鄙的事情。’”

这支球队与耶鲁大学的比赛引起了纽约体育记者的关注。1891 年 10 月 18 日，《纽约时报》（*New York Times*）中的一篇报道写道：“据说，耶鲁大学的橄榄球训练方法和训练经验会让普通的球员变得极其优秀。在耶鲁大学与小型学院的两队学生进行练习赛时，这种说法也许可以得到检验。对阵没有经过耶鲁训练的学生时，耶鲁的球员可以为所欲为；但面对斯普林菲尔德那些经历过斯塔格训练的学生时，耶鲁的蓝衣人便面临着一场恶战。战场上，他们肌肉紧张，四肢扭伤，在球场上贡献了他们所有的能量。与斯塔格学生战斗的那场比赛，在一定程度上动摇了公众对耶鲁大学实力的信心，并展示了如果想要从哈佛大学和普林斯顿大学手中夺取橄榄球的优势地位，球员就必须在教练指导下努力训练。”

奈史密斯和斯塔格建立了亲密的友谊，这种友谊将相伴他们的余生。两人都在一年内就完成了斯普林菲尔德原本两年的课程，并且都被邀请在下一年继续担任教员。

正值1891年赛季，奈史密斯发明了被认为是现代橄榄球头盔的雏形，这也许是必然的结果。因为他司职中锋，奈史密斯总是被试图越过他去寻找四分卫的对手击中头部。不断的打击使得奈史密斯耳朵畸形。（多年以后，他的护照把这种耳朵当成是他的“识别特征”之一。）更糟糕的是，在与康涅狄格州文学研究所的比赛中，他受了伤，这让他坚信必须采取一定的预防措施。斯普林菲尔德队以32比0大胜对手，但正如斯普林菲尔德的报纸报道的那样，“比赛开始后不久，奈史密斯队长带球跑动时向前摔倒，被他附近的球员不经意踢了一脚。他昏迷了，失去了记忆，甚至都没有认出场上的队友。那天刚好是周六晚上，在精心的照料下，直到第二天早上他才慢慢恢复了正常。”

奈史密斯找来一些绒布，他的女朋友（也是未来的妻子）莫德·谢尔曼（Maude Sherman）将这些绒布和一个临时制作的头盔缝在一起，确保头盔足够大，这样就可以覆盖住他的耳朵。当他第一次戴着这个奇怪的玩意儿来到训练场时，斯塔格对他说：“你要做什么？这玩意儿像个山羊屁股。”无论这个装置看起来多么原始简陋，但它确实有助于保护奈史密斯的耳朵和头部免受进一步的伤害。后来他又用一个旧橄榄球的皮革做了一个更结实的头盔。

橄榄球是当时年轻人中为数不多的可以参与的集体运动。

棒球和田径则是在春天和夏天进行。冬天太冷，人们就不能在户外活动，然而体育馆内可供人们选择的运动又极其少。斯普林菲尔德的学生和其他学校的学生一样，很快就厌倦了体操、健美操以及其他类似活动。所有斯普林菲尔德的教师都意识到了学生们日益增长的躁动情绪，但他们都没有想好该如何解决这个问题。

“我们需要某种有趣且可以在室内进行的游戏，”奈史密斯回忆说，“我们有三种游戏：三足鼎立、直线球和古利克博士的游戏——板球。”我们在研讨会上频繁地讨论这些事情。有次在心理学研讨会上，刚好在讨论发明时，古利克博士发表了这样的言论：“太阳底下没有新鲜事，所有新事物都只是现有事物的要素重组。”经过思考，我对古利克博士说：“如果这是真的，我们可以去发明一种新的游戏。”会上大家并没有再多说什么，但斯塔格博士却把这个任务当成是我们的家庭作业，让大家为下次会议做准备，但现实却是根本没有人把它当回事。

古利克博士对新游戏的要求相当简单。“我们需要一种新游戏来锻炼我们的学生，”古利克说，“一种竞争性的游戏，就像橄榄球或是长曲棍球，但它必须是一种可以在室内进行的游戏。它必须是一种结合一定技巧并符合体育精神的游戏，能够达到锻炼全身的目的，而且它不能对球员和装备产生巨大的伤害，也不能是一项野蛮粗俗的运动。”

奈史密斯非常钦佩古利克博士，他认为他们两人是天作之合。他经常谈到他从古利克博士那儿获得的灵感。“在一次讨论中，他构想了某个项目的愿景，我认为要达成我们的目标还有很长的一段路要走。古利克说：‘奈史密斯，你不过是个拦路人。’我理解他的态度，并回答说：‘我不是一个拦路人，而是一个探路者。’听到这句话，我们相视一笑。”

试图找到一种体育活动，能让斯普林菲尔德的学生在冬季里获得娱乐和满足，不是一件轻松的事情。古利克派奈史密斯去马萨诸塞州的玛莎葡萄园岛（Martha's Vineyard）（美国马萨诸塞州科德角南部的一个岛屿）出差，学习尼尔斯·波塞男爵（Baron Nils Posse）教授《瑞典运动系统原理》这门课程。

奈史密斯和波塞男爵讨论了基督教青年会学生的需求，还旁听了男爵的课程并做了许多笔记。在他回到斯普林菲尔德后便与古利克博士分享了这些笔记。虽然两人都一致认为瑞典式训练有很多积极的效果，许多训练经验后来在他们自己的课堂上也逐渐开始使用，然而并没有从根本上解决冬季人们在室内活动的问题。

当时，培训学校的学生被分为两类，一类学生的培训目标是成为体育主管，另一类则是培训成为青年会的干事或管理人员。“当他们无法在户外进行运动时，学生都会在体育馆内进行运动，”奈史密斯写道，“体育班和干事班的同学分别在不同的班级完成他们的学业。体育班的学生对于日常的课程十分感兴趣，因为他们能从中学到很多，这对于他们今后的职业发展至关重要。然而，干事班的同学对体育活动却持有不同的态度——他们需要完成必要的体育锻炼，但却对此毫无兴趣。他们被学校要求每天花一个小时进行对于他们中的绝大多数人来说都深恶痛绝的体育活动。”

某天，有一个干事班的学生提出了一个特别的问题。该班共有 18 名学生，先后有过两位教员——A. T. 霍尔斯特德（A. T. Halstead）和罗伯特·克拉克（Robert Clark）。霍尔斯特德是一位行进和大众健美操方面的专家，但他试图强调这些话题时，却发现很难激发起学生对于这些运动的兴趣。当他要求退出这个班级时，古利克便将这个班级分配给了克拉克——奈史密斯认为他是教员中最好的体操选手和运动员。克拉克曾在威廉姆斯学院获得过美国优秀大学生的荣誉，并获得了医学学位。他来到班级后首先采取的行动是放弃所有的行进和健美操，他让学生们开始在各种体操器械上活动。他们会组织玩游戏，比如扛土豆赛跑和其他小时候的娱乐活动。奈史密斯说：“在这里，学生还是像之前一样对运动毫无兴趣。虽然克拉克竭尽全力，但还是没能唤起学生对这些运动的一丝热情，尽管这种方式在他以前教过的班级中非常奏效。”

克拉克在教师会议上汇报说，他认为自己和这个班级一样失败，并请求解除这个任务。奈史密斯大声说：“问题的关键并不在人，而是在于我们正在使用的系统。对于这个特殊的班级来说，这项运动应该是具有娱乐性质的，应该能够吸引他们玩耍的兴趣。”

在场的其他老师都鸦雀无声，每个人都绞尽脑汁地想要找到解决的办法。奈史密斯知道需要什么——一种可以在室内进行的游戏，并像橄榄球和棒球这样的室外运动一样创造热情。但是目前这样的游戏根本不存在。在当时，所有的室内游戏几乎都只适合儿童，这也正是为什么大学生和成年人会觉得这些游戏都很无聊而且重复。

那年 11 月下旬，奈史密斯正忙着授课，那时他教授的课程包括心理学、《圣经》研究以及拳击、摔跤、游泳和皮划艇运动。他发言后最不愿意看到的是古利克转身对他说：“奈史密斯，我想让你去上那堂课，看看你能做什么。”

奈史密斯顿时呆若木鸡。他不想放弃教授他喜欢的运动，特别是游泳和皮划艇，转而去教一个人尽皆知“不可救药”的班级。他试图摆脱这个任务，但古利克却很坚定。他给了奈史密斯两个星期的时间，看看他能在这个班里做些什么，正如奈史密斯所说：“我的命运已成定局。”

会议结束后，奈史密斯刚经过大厅时，古利克便走到他身边。古利克知道奈史密斯很沮丧，想给他一些鼓励和安慰。他说："现在正是你研究发明新游戏的好时机。"

然而，奈史密斯却认为古利克是在强人所难。他不仅肩负着学校最艰巨的教学任务，还被迫承担起了发明一种新游戏的责任——一项迄今为止让所有教员都束手无策的任务。

奈史密斯说："如果我曾经试图放弃这件事情，那么我当时就放弃了。我不想做这件事……我永远也不知道古利克博士将这两个难题结合起来是有意为之，还是仅仅为了摆脱这两个令人烦恼的问题。他将这两个难题都交给了同一个人；但可以肯定的是，这两个问题的叠加最终的结果是好的。"

毫无疑问，奈史密斯对古利克博士产生了一些不满，尽管古利克博士在他们第一次见面的时候就给他留下了深刻的印象。但他后来意识到，古利克之所以发起挑战，是因为他希望奈史密斯能够完成任务——就像奈史密斯小时候在他舅舅的农场里第一次学会的那样。

既然接受了挑战，奈史密斯便尽其所能做到最好。他考虑到班上都是高年级学生，换位思考，自己很可能也会是一样的表现。他没有对学生发火或生气。他很快了解到，这个班有两位意见领袖，一位是来自加拿大的 T. D. 巴顿，另一位是来自北卡罗来纳州魁梧的爱尔兰人弗兰克·马汉（Frank Mahan），他曾在学校的橄榄球队中担任截锋。奈史密斯马上想到，他们能够认可的活动，同样也会被班里的其他人接受。

两周任务的第一部分，奈史密斯试图让全班同学对他能想到的每一种现有游戏产生兴趣。虽然他一直在强调娱乐而不是教学，但所有的游戏都没有引起全班的兴趣。

奈史密斯写道："这个班级与学校其他任何班级都不同。他们都是成熟的男人，他们的身体在过往的生活中得到了很好的锻炼。他们对学习表演特技不感兴趣……对于上课也同样不感兴趣。然而，他们被要求从事与体力劳动者一样的工作。

"我并不责怪这些人在这种情况下采取的反叛行为。事实上，我毫不怀疑，如果我是他们中的一员，我也会加入反叛者的行列，并尽我所能摆脱令人厌恶的要求。"

接下来，奈史密斯试图修改户外运动，以便观察其是否可以在室内进行。他首先将目光转向了橄榄球，但事实证明，即使修改了擒抱方式，但还是过于粗暴。奈史密斯说："要求这些人温柔地对待他们的对手，无疑会让他们最喜爱的运动沦为笑柄，他们绝不可能这样做。"

随后他尝试改良足球，当时被称为协会足球。他认为用软底鞋踢球会减少运动员受伤的概率，但事实证明这也是一厢情愿的想法。他说："尝试这项运动的结果是上了一堂急救实践课。一些之前的足球运动员都是学着用脚的内侧踢球，如果他们没有射中球门，便很可能会打碎窗户，当时的窗户是没有遮挡的。有时候，比赛非常激烈，甚至都需要叫暂停，方便我们能把球杆和哑铃从墙上的架子上移开。”

足球和橄榄球一样，很快就被从潜在室内游戏名单中剔除。奈史密斯说：“我把所有的希望都寄托在这两种运动上，但当它们都一败涂地时，似乎就没有什么成功的可能性了。今后的每一次尝试都会变得愈发困难。”

奈史密斯回想起他玩过的其他游戏，他想改进为室内运动的下一个目标是长曲棍球。他认为这项运动可以用一种改良的、更短的球棒，类似于球拍，但因为他没有时间和足够的金钱来完成发明，他决定用普通的长曲棍球球棍来进行比赛。

奈史密斯写道：“这组人中有七名加拿大人，当这些人把他们在户外游戏中所学到的一些技巧付诸实践时，足球和橄榄球就显得很温和了。没有人在游戏中骨折，但脸上有伤痕，手被打伤了。那些从未玩过这种游戏的人是不幸的，因为他们被飞来的球棍击中的次数最多。初学者都伤痕累累，专家们也对此十分反感：又一项运动被否决了。”

到了奈史密斯必须向教员作汇报的最后几天了。他后来透露说：“我多么痛恨回到小组中承认，在我尝试实践所有的理论之后，最终同样没能引起全班的兴趣。这比输掉一场比赛还要更糟糕。我苏格兰血统中的固执被唤醒了，我所有的成就和自豪感鞭策我继续前进；我不会回去承认我彻底失败了……到了要么拿出实际行动来要么闭嘴的时候了。我下定决心，一定要动点儿真格的了。”

奈史密斯考虑过他听到和读到的发明新室内游戏的其他案例。哈佛大学的塞尔金特（Sergent）博士发明了一种叫作躲避球的游戏，在这种游戏中，一部分人组成一队，另外一部分人通过掷球击打对方球员。古利克博士也发明了一种游戏，在地板上拉起一个隔板，游戏的目标是将健身实心球扔过隔板，并在对手抓住它之前让它碰到另一边的地板。古利克博士还发明了一种改良的板球游戏。但毫无例外，这些游戏最后都以失败告终。

在两周任务的倒数第二天，奈史密斯与全班同学见面，当时的他并不知道他们在接下来的60分钟里要做什么。他没有给学生任何指示，而是让他们自由活动。等到下课时间到了，奈史密斯表情严肃地注视着他们走出体育馆，去往更衣室。看着眼前的一切，他心想，“我所有的野心和希望都在这一刻破碎了。”

他写道：“我迈着疲惫的步子登上通往办公室的狭窄楼梯，办公室刚好就在更衣室的上方。我一屁股跌坐到椅子上，双手抱头，双肘放在桌子上。我是一个彻底心灰意冷、灰心丧气的年轻教员。在我的正下方，我可以听到更衣室里男孩们的欢声笑语；他们当时的状态正是我千方百计想找回的东西。”

当他通过地板听到更衣室里的谈话时，奈史密斯试图复盘他前两周尝试开发出一个能让全班同学感兴趣的游戏。他逐一回顾了尝试过的游戏，并找出它们失败的原因。他意识到，修改现有的游戏之所以注定失败，是因为学生和其他运动员都喜欢这些游戏的原样，并且他们不想破坏这些游戏的规则。

即使学生们都离开更衣室去上下一堂课时，奈史密斯仍坐在他的书桌前，站在“哲学的角度”去思考游戏的问题所在。他将游戏视为一个整体，而不是单独割裂来看待，他开始得出一些结论。

他能想到的所有团队游戏都围绕着球。因此，无论要发明什么样的新游戏，都应该有某种类型的球。不同类型的球区别在哪里？最基本的区别就在于大小。使用小球的游戏需要额外的装备，如棒球、板球、曲棍球、长曲棍球、网球和壁球。涉及的设备越多，游戏就越难学习和参与。因为古利克博士曾告诉他，新的游戏应该是容易学习的，而且可以让许多人都参与其中，所以小球似乎不符合要求。他意识到，小球的另一个问题是，它很容易被藏在球员的衣服里，没有人知道球在谁那里。

关于大球，奈史密斯想到了两种：橄榄球中使用的椭圆形的球和足球中使用的圆球。这些球中的任何一个都有可能在新游戏中发挥作用。

奈史密斯考虑的第二个问题是这项运动与生俱来的吸引力。不管是在学生群体还是大众群体中，那个时代最流行的运动都是美式橄榄球。然而为什么这项运动不能在室内进行？答案很简单——这项运动过于暴力。如果在体育馆进行这项运动，擒抱带球跑动的人受伤次数会过多。那为什么需要擒抱？因为要阻止那个带着球跑的人。

“考虑到这些事实后，我在办公桌前坐直身子，大声说道：‘如果他不能带球跑，我们就不必擒抱。’”奈史密斯后来写道，“如果我们不需要擒抱，粗暴的行为就不会出现。我仍然可以回忆起我如何打着响指大喊的：‘我想到了！’”

多年以后，奈史密斯回想起那个时刻，很难解释他为何如此兴奋。实际上，他想到的也仅仅只是一项新比赛的原则，即运动员不能带着球跑。这很难成为一项新运动的框架。然而，他知道，他终于找到了问题的关键。

如果一个球员不能带着球跑，那他能拿着球做什么呢？奈史密斯能想到的只有两个选择：他必须把球扔出去，或者用手拍打它。如果他把球扔给另一个正在跑的人，那个人就很难立即停下来。他想，第二个人要么老老实实地停下来，要么立即把接到的球传给另一个球员。

奈史密斯承认：“在我看来，我仍然在坚持旧游戏的传统，特别是橄榄球。在比赛中，球可以被抛向任何方向，除了向前。

然而，在这项新运动中，持球的球员不能前进，我认为没有理由不允许他向任何方向投掷或击球。”

当奈史密斯想象着要防守一个正在传球的球员时，一个人用他的一只手击球，并且有意或无意地让他的拳头打中对方的脸。他迅速决定，不允许防守者用拳头击球。

到目前为止，奈史密斯所发明的是一种“保持距离”的形式。下一步是为球员创造一些其他目标。在思考其他运动的特性时，奈史密斯注意到它们都包含某种类型的球门或是终点线。他认为最适合新游戏的是一个类似于长曲棍球的球门，球门装有六英尺高、八英尺宽的网，在场地的两端各有一个。

当有球员将球扔进网里时，球队就会得分。球扔得越难，他得的分就越高。然而，奈史密斯意识到，这种安排可能会再次增加受伤的可能性。但还有什么其他得分的可能性呢？

奈史密斯的思绪飘回到了他在本尼角的铁匠铺后面玩耍的日子。他最喜欢的游戏是什么？石头上的鸭子。这个游戏为什么好玩？参与游戏的人必须抛出一块石头，并试图将另一块石头从高处的大石块上打下来。成功打掉石头的选手并不是投得最用力的人，而是投得最准的人。这就是奈史密斯苦苦寻求的原则。

奈史密斯写道：“我想如果球门是水平方向的，而不是竖直方向的（类似足球球门），球员就会被迫以弧线投球，力量——使比赛变得粗暴的元凶，在这种规则下将没有任何价值。”

奈史密斯试图在脑海中构想得分的规则。他所想象的是在体育馆场地的两端各有一个盒子。每当球被扔进一个盒子，就算一次进球得分。但当他想到那个班里一群不可救药的人时，他意识到，如果有九个人守住球门，那么对方球员压根儿就没有什么机会得分。球门必须高于防守者的头部，这样他们就不能都站在球门前阻挡进球。

直到这时，奈史密斯知道他越来越接近于开发出一种新游戏的基本框架。即将出现的游戏兼具娱乐性和竞争性，并且有一个目标。接下来的问题是如何开始这个游戏。

他想到了水球，在水球比赛中，各队在泳池的两端排成一排，球被扔到中间。但这在体育馆里是行不通的，因为运动员有可能会受伤。他接下来想到了英式橄榄球：当球出界时，裁判员将球滚回两排球员之间重新进行比赛。球员们没有时间互相冲撞，但仍有可能受伤。“我记得发生在我身上的一件事，”奈史密斯回忆道，“在与女王学院的一场比赛中，球被扔到了两列球员之间。我向前一步并高高跃起。我很顺利地拿到了球，但我摔倒时肩膀先着地并磕到我的腹部。我想这种方法也是行不通的。”

然而，在他看来，最公平的比赛开始方式是在两队之间抛球。如果从每队中选出一名球员来跳球，受伤的可能性是很小的。

比赛的框架现在已基本搭建完毕，奈史密斯相信它可以满足古利克博士的所有要求。他唯一没有决定的事情是使用哪种球。两个星期以来，他第一次带着微笑上床睡觉，一枕黑甜。

第四章 游戏诞生了

第二天早上，奈史密斯带着一颗橄榄球和一颗足球来到办公室。他注意到橄榄球的形状刚好可以被夹在手臂中。因为新游戏中不允许运动员带球走步，奈史密斯最终选择了使用足球。

接下来，奈史密斯必须找到一对球门。当他走在体育馆的大厅里时，遇到大楼管理员波普·斯特宾斯（Pop Stebbins），他询问波普有没有大约 18 英寸见方的盒子可以使用。波普犹豫了一会儿，摇了摇头说，“没有，但在储藏室里有几个桃篮，大概也是这个尺寸，如果你需要的话可以拿去。”

关于第一场比赛的手写笔记中，奈史密记录道：“我让他把桃篮带到体育馆放在地板上。我将它们钉在看台的栏杆上，两端各一个，设备就准备好了。”

看台的下部栏杆碰巧有 10 英尺高。奈史密斯后来说，如果栏杆有 11 英尺高，球门也会有那么高。

回到办公室后，奈史密斯坐在办公桌前，掏出一张纸，为他的新游戏起草了原始规则。不到一个小时，他确定了球将是一个普通的协会足球，并提出了13条规则：

1. 球员可以用单手或双手向任何方向扔球。

2. 球员可以用单手或双手向任何方向打球，但绝对不能用拳头击球。

3. 球员不能带球走。球员必须在他接住球的地方将球扔出去；允许接球人以合适的速度跑动接球。

4. 必须用手持球，不能用手臂或者使用身体持球。

5. 不允许球员用肩撞、手拉、手推、手打、脚绊等方法来对付另一方的队员。任何人违反此规则则视同为犯规；第二次犯规，就要取消他的上场资格，直到命中一个球后才能重新上场参加比赛。如果有意伤害对方球员，就要取消他参加整个比赛的资格，不允许替补。

6. 用拳击球就是违反第3条和第4条规则以及第5条规则中所描述的。

7. 如果任何一方连续犯规3次，就要算对方命中一球。连续犯规的意思是：在这段时间内，对方队员未发生犯规，而本方队员接连发生犯规。

8. 当球投入篮内并停留在篮里就算中篮，只要防守者不碰或干扰球筐。如果球停在篮筐边缘，而对方队员触动了篮筐，也算命中一球。

9. 当球出界，球将由第一个接触球者扔进场内。如有争议，裁判员将球扔进场内。掷界外球允许 5 秒钟，如果超过 5 秒钟，球权判给对方，如果任何一方坚持拖延比赛，裁判应判他们犯规。

10. 主裁判员是球员的裁判，当连续 3 次犯规时，他需要通知裁判员。他有权根据第 5 条规则取消某队员的比赛资格。

11. 副裁判员是球的裁判，他可决定什么时候球在比赛中、球权的归属方、比赛计时，他需要记录何时进球，及承担通常裁判员应该履行的其他职责。

12. 比赛由两个 15 分钟构成，中场休息 5 分钟。

13. 在此时间内，进球数最多的一方获胜，如果平局，经双方队长的同意，比赛可以继续，直到再进一球。

奈史密斯将规则交给了速记员莱昂斯（Lyons）小姐，莱昂斯小姐打完字后将规则还给了他。快到上午 11:30 了，马上就要开始上课了。他拿着规则站在门口，用图钉将规则钉在布告栏上。

“我内心坚信这是一个好游戏，但它需要经历真枪实弹的演练，”奈史密斯写道，“我觉得它成功与否在很大程度上取决于全班同学接受它的方式。”

奈史密斯手持一个足球，将 18 名学生召集在一起，解释他们将要进行的新游戏。篮球运动——尽管当时它还没有被赋予这个名字——即将诞生。

奈史密斯焦躁不安。在他的手写笔记中，他说："我觉得这将是我人生中的一个关键时刻，因为我能否成功吸引学生的注意力并设计出一个全新的游戏，成败在此一举。虽然我既没有年龄的优势，也没有丰富的经验来帮助我把规则解释清楚。"

在 1891 年 12 月 21 日，新英格兰冬季那个寒冷早晨，奈史密斯只是想取悦 18 名学生。他内心没有长远的规划。他的动机很简单，很明确，也很直接。

马汉是学生中第一个聚集到奈史密斯身边的人。他看了看奈史密斯手中的球，然后将目光转向体育馆的一端，看到了钉在看台栏杆上的桃篮。他又望向体育馆的另一端，看到另一个篮子。然后他回头看了看奈史密斯。

"也许我因为我的惴惴不安，他的感叹听起来就像是丧钟一般。他说：'呵，又弄了个新游戏！'"奈史密斯写道，"虽然这十分令人沮丧，但并没有改变我对这个游戏的看法。"

奈史密斯点完名后简单地解释了这个新游戏。他让学生们研究这些规则，并向他们保证，如果这个游戏不成功，今后他不会让他们参与任何其他的游戏实验。全班同学都穿着普通的运动服，没有特殊的制服。体育馆里的灯光很暗，地板上没有画上或贴上任何标记或界线。这个 60 英尺长 35 英尺宽的体育馆的唯一的边界区域是墙壁以及存放哑铃和体操器械的地方。

奈史密斯挑选出两位队长，尤金·利比（Eugene Libby）和T. D. 巴顿，他们分别为自己的球队挑选球员，每队 9 人。奈史密斯要求队员像长曲棍球比赛一样蹲守在地板上。他把球抛向空中，两名球员跳起争球，新的游戏就这样诞生了。

奈史密斯写道："经过几分钟的比赛后，所有的顾虑烟消云散了，而且我笃定这场比赛会旗开得胜。球员们似乎由衷地喜欢这种竞争激烈的比赛，尤其是努力避免与对手接触。"

球员们花费一些时间来了解如何才能最好地进行比赛以及怎样避免犯规。最常见的问题是一名球员在接到传球后本能地开始带着球跑，但这种行为是一种犯规，规则将犯规的球员送到场边，直到下一次进球他才能继续上场。奈史密斯指出："有时一个队有一半的人都扎堆在禁区里。"

他继续说："没有人知道该怎么做。起初相互之间是没有团队合作的，每个人都想努力做到最好。前锋试图进球，后卫则试图阻止对手进球，球场很小，球队很大；场上任何一个人都离篮筐很近，他们都可以轻松投篮，但我们要求后卫把球传给前锋。"

在第一场比赛中，青年会的准干事威廉·蔡斯（William Chase）在 25 英尺处，投进了第一个，也是唯一一个进球。奈史密斯已经考虑到了把球从篮子里拿出来的问题，所以他提前都让斯特宾斯准备好了，带着他的梯子爬上去将球取出来。

下课时间到了，这节课结束时，奈史密斯长舒一口气。实际上，这个游戏大获成功，学生们根本就不想停下来。他们想要继续玩下去，甚至都不想去上下一节课。

“我可以去找古利克博士，告诉他我真的做到了，”奈史密斯写道，“我以前不必‘闭嘴’。我已经完成了他交给我的两项看起来毫无胜算的任务：让全班同学对体育课感兴趣和发明一种新游戏。”

消息传遍了整个学校，大家都在讨论奈史密斯班上的人在玩一种全新游戏。人们开始出现在看台上观看。在两周内，有多达 200 人在上课期间挤满了看台。这群人中包括来自附近白金汉小学的一些女教师，她们在午休时路过体育馆敞开的大门，听到了一阵喧闹就走进来观看比赛。

在观看了几天比赛后，一些老师找到奈史密斯，询问他们是否也可参与这个游戏。奈史密斯欣然答应了。这群人组织了第一支女子篮球队，在白天晚些时候，当体育馆空闲的一个小时，她们可以进行比赛。

奈史密斯在 1932 年在斯普林菲尔德的一次演讲中回忆道：“不久之后，学校的速记员们又组建了一支球队。我们中的一些年轻的未婚男子让我们的心上人也对此充满兴趣，于是我们有了一个女教员队。女孩们请我做裁判。我同意了，但我当时并不像现在这样了解女士。我们相处得很好，直到我判了一个女孩的犯规。她问：‘你判我犯规了吗？’然后她告诉我，我来自哪里，要去哪里，我的性格如何。我试图安抚她，但我失败了。唯一能做的就是将球抛起来，然后她不得不回到她该去的地方。

“那个女孩与其他女孩并没有什么不同。她们从未有机会参加任何需要体育精神的比赛。这对她们来说是件新鲜事。她曾经踢过毽子，玩过其他一些类似的游戏，但她们甚至没有打过网球。”

奈史密斯发现他的新游戏不仅在不可救药班的学生中很受欢迎，在女性群体中也同样受欢迎，而且在那些只是来观看比赛但无意从事这项运动的人中同样也是如此，他对这项运动将取得长期成功信心大增。他在晚年回忆道：“难怪人们都很喜欢这场比赛，如果我们今天能看到第一场比赛的情形，我们也会捧腹大笑。球员们都是成熟的男人，他们中的大多数人都有小胡子，有一两个人满脸胡须。他们的裤子很长，衬衫的袖子很短。球员往往会在接过球后，将球在头顶上停顿一下，以确保能投篮得分。就在他准备投篮的时候，有人会从球的后面伸出手来，把球从他手中夺走。这是一个永无止境的快乐源泉，因为无论一个球员多么频繁地以这种方式丢球，他总会带着惊讶的表情四处张望，好像在说：‘到底是谁干的？’”

第一场比赛后，钉在体育馆门边公告栏上的原始规则神秘地消失了。奈史密斯对它们的消失并不担心，但几周后，马汉在上课前找到了奈史密斯，承认是他拿走了这些规则："我知道这个游戏会很成功，所以我拿了这些规则作为纪念品，"马汉坦白道，"但我认为你应该拥有它们。"马汉从他房间的一个箱子里取出了原始规则，并将它们还给了奈史密斯，奈史密斯在他的余生中几乎一直拥有着它们。

多年后，奈史密斯透露说："有一年夏天，我把原始规则带到一个班上，与现在的规则进行比较，然后把它们放在我的书桌上，我就把它们忘在那里了。一段时间后，我翻箱倒柜寻找这些规则时，我始终找不到它们，最后放弃了，认为它们已经丢失了。12 年后，在翻看我的一些文件时，偶然发现了一个长信封，上面没有名字。一阵端详后，我发现它的标题日期是大约 15 年以前。这激发了我的好奇心，打开信封后，我非常高兴这些规则又映入我的眼帘。"

圣诞假期回来后，马汉询问奈史密斯，有没有给新游戏起名字。奈史密斯回答说没有，马汉建议叫"奈史密斯球"。奈史密斯笑着说，如果给它起这样一个名字，肯定会在比赛真正开始之前就被扼杀。

好吧，马汉回应道，"我们有一个篮子，也有一个球。篮球这个名字怎么样？"奈史密斯认为这个名字听起来要好得多，而且很快就被采用了。这个名字一直被拼成两个词，直到 1921 年，体育记者才将其缩短为一个词。

甚至在游戏还没有名字的时候，“无可救药”班的学生们就已经开始卖力宣传。在圣诞假期期间，他们带着游戏的消息回到各自的家庭中，从美国到加拿大。一些人去了当地的基督教青年会演示了游戏的玩法。

1892 年 1 月，古利克创办的校报《三角报》以“一种新的游戏”为标题，刊登了一篇关于篮球原始规则和故事的报道。这份报纸被分发给美国和加拿大各地的基督教青年会。

随着游戏在培训学校各班级中越来越受欢迎，干事班组成了一个九人团队，并向体育班发起挑战，准备展示他们的优势。在那场比赛的当天，“体育馆座无虚席，”奈史密斯写道，“年轻人的崇拜者们理所当然地为他们的偶像所在的一方欢呼。于是就产生了一种竞争意识，大家的热情很快就蔓延开来。”

干事班赢了，接下来他们还在寻找下一个对手。一支由教职员工组成的队伍成立了，干事班同样也以 5 比 1 击败了他们。唯一得分是由阿莫斯·阿隆佐·斯塔格上篮打进所得到的。

1892 年 3 月 11 日进行的这场比赛，被普遍认为是第一场公开的篮球比赛。有 200 多名观众聚集在看台上观看了这场比赛。奈史密斯作为教员参与了这场比赛，这是他一生中仅有的两次真正参与他所发明的比赛之一。

《斯普林菲尔德共和报》在第二天报道说，教工队中最令人印象深刻的球员是斯塔格。该报指出，在比赛中他要特别费力地摒弃打橄榄球时的习惯，他不断地因推搡对手而被指控犯规，斯塔格也被对手反击打成了黑眼圈。奈史密斯也被吹了多次犯规，这无疑是因为他练过摔跤、长曲棍球和橄榄球。

斯塔格后来承认，他真的很喜欢这种新游戏，虽然他后来因为在芝加哥大学执教橄榄球而闻名，他在 1892 年 7 月接受了芝加哥大学的教练职位，1932 年转至太平洋学院执教直到 1946 年，那时他已经 84 岁了。1943 年，他 81 岁时被评为年度最佳大学教练。斯塔格在橄榄球方面的创新成就包括：队员靠拢磋商战术，横向传球，让运动员快速进入运动状态，以及将球员的名字印在球衣的背面。他在 1965 年与世长辞，享年 102 岁。

在赢得与教员队的比赛后，由马汉担任队长的学生团队很快就开始旅行，并经常与其他培训学校（被称为“飞行马戏团”）的学生一起进行体育表演赛。

为了宣传纽约基督教青年会的运动场地特地举行了一场表演赛，1892 年 4 月 26 日的《纽约时报》首次提及篮球，标题为“一种新的球类运动，没有粗糙特性的橄榄球替代品”。该报纸报道，斯普林菲尔德队以 1 比 0 击败了纽约队，下周六将在基督教青年会的运动场上举办两场比赛。

随着游戏的发展，比赛条件也在不断完善。正如所有参与者很快意识到的那样，第一个必须做出的改变是，找到一种在进球后更容易将球从篮筐中取出的方法。在培训学校的前几场比赛中，每当进球后，都会请一名观众把手伸到栏杆外，将球从篮子里拿出来。但因为进球不多，这位观众很快就感到厌烦并离开了。之后，每个篮子附近都放有一个梯子，只要球进了篮子，比赛就会停止，直到有人爬上去将球取出来。

历史并没有记录谁首先提出仅仅需要打破每个篮子底部的想法。直到 1898 年，带着网的铁圈才被用作球门取代了篮子。

第二个需要注意的问题是站在球场一侧的裁判员将球扔进场内宣告比赛开始。但就这个距离来看，裁判员通常会弄偏。最后决定让裁判员上场，在两名球员之间抛球，开始比赛。抛球后，他迅速退到了边线；裁判员留在球场上似乎仍然不安全，因为球场上还有十八名球员。

在随后的几年里，篮球规则有了更多的修订。1893 年，犯规的处罚从被罚下场坐板凳直到进球为止转变为对手多得一分。1894 年，增加了犯规后的罚球的规则。第一颗“篮球”是由马萨诸塞州奇科皮瀑布（Chicopee Falls）的自行车制造公司 Overman Wheel Co. 制造的。（注：1894 年，詹姆斯·奈史密斯委托其好友亚伯特·古德威尔·斯伯丁设计制造了第一颗篮球，第一颗篮球的设计研发由斯伯丁公司完成，并经斯伯丁公司的合作伙伴 Overman Wheel Co. 加工制作）新球比原来的足球更轻、更大。1896 年，耶鲁大学队的球员率先在比赛中使用运球。场上每次进球的得分也加倍了，从 1 分增加到 2

分。1897 年，每队球员数量从 9 人减少到 5 人。1901 年，裁判员从场边移到球场上，管理比赛并宣布犯规和违例。随着时间的推移，比赛的时长也发生了变化。

当第一套规则公布在 1892 年 1 月的报纸上时，报社收到了许多要买这份报纸的请求，报纸不得不印制一个特别的小册子，其中还列出了玩这个游戏所需要的设备。在最初的规则中，没有对球、篮筐以及球场作出规定。

与奈史密斯最初制定的规则相比，另一个变化是在篮筐后面增加了一块篮板。由于球迷坐在球门后的看台上，奈史密斯和其他人很快就发现，当球飞向球筐时，一个球队的球迷有能力越过栏杆，将球打出去。组织者没有将球迷限制在该区域之外，也没有简单地计算进球数，而是在球筐后面放置了一块木板来阻止球迷的干扰。

当时并没有人意识到，在球筐后面增加篮板会让进球变得更容易，因为他们可能投丢，但篮球撞到篮板后仍然有可能弹入篮筐。这是改变的一个意外之喜。在较小的没有看台的体育馆里，这种差异更加显著，球门必须直接挂在墙上。如果体育馆的一端有栏杆，而另一端只有一堵墙，对着挂在墙上的球门投篮的球队就有明显的优势。

1892 年 10 月，古利克博士在培训学校的笔记中写道："很难说是否存在一种体育运动像'篮球'这样在各州迅速蔓延，从纽约到旧金山。”从纽约、罗德岛，甚至俄勒冈州都传来了关于这项运动的成功和流行的报道。1893 年 4 月，奈史密斯收到来自得克萨斯州格林维尔的 H. L. 卡弗（H. L. Carver）的一封信，问他要一份规则复印件和关于这个游戏的更多信息，她说她“非常渴望学习它并向得克萨斯州的人们介绍它”。仅仅过了几年，这个游戏就由基督教青年会的传教士传播到了世界各地。T. D. 巴顿，第一个班级的学生，也是最初的队长之一，在 1894 年成为印度的传教士，并将篮球带到了印度。

篮球运动在美国各地的基督教青年会迅速发展的一个消极方面是，它很快就占据了体育设施，并把更多之前存在的课程挤出了体育馆。在费城，青年会曾一度禁止篮球，球队被迫在舞厅和其他足以建立球场的建筑中比赛。然而，青年会的官员们很快意识到，篮球运动的普及会增加青年会的成员数量，因此，在日程安排上达成了妥协，篮球运动再次成为费城青年会项目的一部分。

1896 年，古利克将篮球规则的管理权交给了美国业余体育联合会（Amateur Athletic Union），该联合会是当时美国所有业余运动的管理机构。

当奈史密斯来到斯普林菲尔德时，他的目标是完成培训课程，然后回到蒙特利尔，成为青年会的体育教育主任。古利克博士向奈史密斯提供了一份培训学校的教职工作，这改变了他原本的计划，奈史密斯一直在学校工作到 1895 年，毫无疑问，他在学校那几年里影响了许多学生。

W. G. 摩根（W. G. Morgan）就是这样一位学生，他于 1894 年毕业，并在马萨诸塞州霍利奥克市的基督教青年会工作。他发明另一种新的游戏，与篮球相似，但不那么激烈。他设想他的新游戏更适合老年商人。他在工作的第一年也很成功，发明了一种当时被称为“小网子（mintonette）”的游戏。这种游戏在今天被称为排球。将篮球之父奈史密斯称为排球祖父其实也毫不夸张。

在斯普林菲尔德时期，还有一件让奈史密斯感受到远超篮球运动的成功所带来的幸福感的事。他搬到了寡妇谢尔曼夫人的家中，她的丈夫埃德温（Edwin）刚过世不久。这对夫妇有 11 个孩子，其中两个孩子，莫德和弗洛伦斯（Florence）目前仍然住在家中。谢尔曼夫人的家就在培训学校附近，她为学校的学生提供寄宿，这样可以获得一些收入以补贴家用。

有一天晚上，另一个寄宿生吉姆·黑尔（Jim Hale）邀请莫德出去约会。谢尔曼夫人让弗洛伦斯作为同伴一起去，这促使黑尔邀请奈史密斯加入他们。奈史密斯也喜欢莫德，在约会中，黑尔建议两人交换一下，这样他就可以和弗洛伦斯在一起。奈史密斯和莫德看上去是不可能的一对，因为他比莫德大 8 岁，高了约 7 英寸。

然而，两人一见如故，尽管人们都认为是奈史密斯发明了第一个橄榄球头盔，但现实却是莫德·谢尔曼将绒布缝合在一起，帮助保护他的耳朵。她同样被奈史密斯的新篮球运动深深吸引，奈史密斯多年后说，她也是培训学校女教员队的第一批球员之一。

在那些早期的日子里，尽管打球的方式大不相同，但参与篮球运动的女性人数和男性基本持平。从白金汉学校的教师开始，这些女性就是这项运动最忠实的球迷。奈史密斯说她们的存在对比赛产生了“有利的影响”。然而，在许多情况下，男性都不被允许出席女性的比赛。史密斯学院是最早赞助女子球队的学院之一，史密斯学院的大二学生与大一学生比赛时，不允许男性观看比赛，因为女孩们穿的都是短灯笼裤。

奈史密斯与莫德·谢尔曼恋爱两年多后决定订婚。1893年夏天，在结婚之前，奈史密斯和他的舅舅以及姐姐前往苏格兰旅行。几乎一整个夏天，他们都在格拉斯哥（Glasgow）及周边地区度过，拜访了当地的亲戚，并参观了奈史密斯从他外祖母那里听说的所有地方。奈史密斯的女儿玛格丽特说，多年来，奈史密斯声称他旅行的原因之一是为他的婚礼买一套衣服，但她的真实看法是，她的父亲“一直想去，但为什么要花钱买两张票，因为他可以用一张票的价格看到他想看到的一切。这就是苏格兰人。他知道在他结婚后就需要买两张票”。

奈史密斯确实给莫德带来了一枚带着苏格兰蓟的银胸针。

1894年6月20日，这对夫妇在斯普林菲尔德的希望公理会教堂举行了婚礼。奈史密斯的童年和大学朋友麦肯齐是他的伴郎。

这是麦肯齐第二次去看斯普林菲尔德的老朋友。第一次去时，古利克博士曾为他提供了一份培训学校的教职工作，但麦肯齐已经在蒙特利尔发展了实力雄厚的医疗业务，他因此婉拒了这个邀约。

婚礼结束后，麦肯齐说他不会再为他的老朋友担心。"那些认识他的人会意识到，他一直被照顾得很好，"麦肯齐谈及奈史密斯的夫人时说。

然而，奈史密斯的新岳母对女儿的选择并不那么肯定，玛格丽特·奈史密斯（Margaret Naismith）多年后回忆说她的外祖母"感到羞愧，因为莫德要嫁给一个红衣人"，这里的红衣人是指在革命战争中与美国殖民地作战的英国士兵，尽管那次战争发生在一百多年前。

这对夫妇的蜜月行程：乘坐一艘22英尺长的帆船，沿着康涅狄格河巡游500英里，进入长岛海湾，绕过科德角，沿着新英格兰海岸到达新斯科舍。莫德多年后透露，她一直在晕船，而且她也不喜欢奈史密斯的苏格兰牧羊犬罗德里克（Roderick）的存在，罗德里克在旅途中也生病了。莫德克服了晕船的毛病，但她从未改变对狗的看法，也许是因为这对夫妇在回程中发生的事情。

这对夫妇原本计划乘坐火车从新斯科舍省返回斯普林菲尔德，但在莫德在火车上落座后，奈史密斯就消失了，而且一去就是几个小时。莫德认为，也许她是被遗弃了。然而，当火车快到斯普林菲尔德时，奈史密斯又出现了，脸上挂着灿烂的笑容。当莫德问他去了哪里时，奈史密斯解释说，他回到行李车厢和罗德里克坐在一起，因为他担心狗在长途旅行中会感到孤独。

莫德最终还是原谅了丈夫，他们的第一个女儿玛格丽特于1895 年 7 月 1 日诞生，这个年轻家庭的生活似乎是一首田园诗。

奈史密斯可以一直在斯普林菲尔德教书，但他很快就开始考虑接受新的挑战。古利克博士拥有医学学位，奈史密斯也想追求这样的学位。他一直对医学感兴趣，处理他在体育馆看到的各种伤病，这些因素都促使他去医学院学习。他知道他需要找到一种办法来支付他继续教育的费用，他想如果能在一个拥有好的医学院的城市的青年会，找到一份体育教育主任的工作，他就能实现他的下一个目标。

1895 年夏天，奈史密斯找到了这个机会，他在丹佛的基督教青年会得到一份工作，离格罗斯医学院很近。他接受了这份工作并被医学院录取。丹佛基督教青年会是美国最大的分支机构，而格罗斯医学院（后来并入科罗拉多大学医学院）成立于 1887 年，在当时已经是一个非常著名的且备受瞩目的机构。

33 岁的奈史密斯，带着妻子和小女儿，又开始了新的生活。

第五章 全新的领域

在 1895 年搬迁近 2000 英里绝非易事。对新任的奈史密斯夫人来说，除了舟车劳顿之外，还有更多的事情需要适应。在东部出生和长大的她，从未在其他地方生活过。她与母亲关系十分亲密，自从她父亲去世后，这种关系变得更加紧密了。

尽管如此，莫德对丈夫的爱以及希望亲眼见证他实现梦想的期望，战胜了她对西迁的所有恐惧和担忧。她知道，她的父亲也曾是一位发明家，他会赞成她与奈史密斯的婚姻，并鼓励自己与他一起向西前行。

莫德的父亲与奈史密斯在另一个方面也十分相似：他从未从他最著名的发明中牟取暴利。埃德温·谢尔曼（莫德的父亲）发明了一种谷物收割机，但在它成名之前就把机器专利权卖给了赛勒斯·麦考密克（Cyrus McCormick）。

在奈史密斯接受了丹佛的工作后，他和莫德共同决定，他最好一开始独自去那里，虽然有他的宠物狗陪伴，并且尽快让自己安定下来。在他的妻子和小女儿来之前，他已经开始了新的工作和医学院的课程。两人通过邮件往来联系，在 1895 年 10 月 1 日的信中，奈史密斯写道他已经准备好迎接他的妻子和孩子过来这边生活。他希望她们在当月 15 日之前能够乘坐火车开启这段旅程。他还在信中描述了他每天的行程安排。

他写道："我越来越喜欢我的学习了，我一天的安排大概是这样的：上午 8 点生理学；上午 9 点解剖学；上午 10 点化学；上午 11 点临床实习或测验；中午 12 点到下午 1 点是我的办公时间；下午 1 点到 2 点午餐；3 点到 3 点半在办公室；4 点到 6 点去健身房……然后傍晚在橄榄球场或健身房。我什么时候有时间宠爱我的小妻子呢？……自从我来到这以后，我从未请过一天假甚至一晚上都没有，但我还是保留了一个晚上陪伴我的宠物。每周三和周日的晚上都会为亲爱的你预留。"他在信中附上了 20 美元，告诉他的妻子"按你认为最好的方式去使用这笔钱"。

在回信中，莫德·奈史密斯告诉丈夫，古利克博士曾到他们家来询问她和孩子的近况："他说，'请替我转告牧师先生，我十分渴望收到他的消息。'我回复他说我不知道你怎么能在白天学习，因为你的绝大多数时间都被占用了。他回应，'嗯，记住他学习起来很轻松的，非常快，如果绝大多数人会做的事，他肯定也会做，但对大多数人来说很难的事对他来说却十分容易。’”

可以理解的是，奈史密斯没有时间与他的老朋友或是老板沟通。除了沉重的学业负担外，他在青年会的工作同样繁重。当奈史密斯来到这里时，基督教青年会每周提供34节传统教育课程以及其他各种主题的课程，包括班卓琴课、声乐课、绘画课以及急救课。之后又增加了艺术、科学、外语、商业和其他课程。青年会还提供每周的《圣经》和培训课程以及主日学校课程，甚至在监狱里举行宗教仪式。奈史密斯个人非常渴望看到一群年轻人开始打篮球。

到了10月20日，莫德·奈史密斯终于准备启程了。她在给丈夫的信中说：“我已经确定了下周二开始这趟旅程。我很害怕这趟旅行。我好像不能独自前往，但我想我必须勇敢起来，别人能够做到的事情我也能做到。”

莫德和孩子的旅行可谓一波三折，她有一次把钱包落下了，不得不返回火车站取回，但最终莫德和玛格丽特·奈史密斯还是成功地到达了丹佛。莫德在那里只待了两个星期，就在给她母亲的信中说她非常想家。“我刚到这里时就想坐第一趟火车回去，直到现在我还抱有这个想法。我想，这个地方很美，但在克服思乡之情之前我不能作评论。当然，这里的风景很好，山也很美。透过窗户我可以看到美妙的风景，可以看到派克峰和整个山脉都被皑皑白雪覆盖。

“我们一直都在找房子，但在这里任何我们能买得起的房子都非常小。我想我们将不得不支付至少 25 美元，在我看来这很可怕。有些房子有四五个房间，只有一层，这在我看来是很有趣的。”

这对夫妇终于搬进了新家，而奈史密斯则继续忙碌。1896 年春天，他完成了第一年的医学培训，开始学习病理学、生理学、解剖学、治疗学和外科学等课程。

那时奈史密斯认为他在青年会的工作也会很顺利，但他不知道青年会陷入了严重的财务危机。人们最终了解到，除非能筹集到 1 万美金，否则青年会将会有关闭的风险。人们向全市的会众吁请，幸运的是，他们筹集到足够的捐款让基督教青年会支付其未付的账单并继续营业。对奈史密斯来说，这意味着他可以继续工作，继续医学院的学习，并维持家庭开支。

1896 年夏天，莫德的妹妹弗洛伦斯来到丹佛拜访。她在那里时，姐妹俩都感染了伤寒。莫德的病因肺炎发作而加重，她的情况比弗洛伦斯更严重。因为奈史密斯的母亲和父亲都死于伤寒症，他特别担心 27 岁的妻子。

一天晚上，在床边的一名护士发现莫德没有了脉搏。护士以为她死了，就叫奈史密斯赶快从另一个房间过来，他一直在那里打盹。奈史密斯看着妻子苍白的脸，拼命想唤醒她，他伸出手拍了拍她。在护士看来，一个奇迹发生了。莫德突然喘了口气，动了起来。她的脉搏恢复了，尽管一开始很虚弱，后来她又恢复了体力，并活了下来。

然而，这种疾病也摧毁了她几乎所有的听力，余生近乎失聪。她不得不学习通过读唇语来交流。

弗洛伦斯也康复了。她在逗留期间爱上了医学院的另一个学生。1896 年秋天他们结婚了，进一步向西前行，来到蒙大拿州的比尤特市。大约一年后，悲剧再次发生。弗洛伦斯的女儿也叫弗洛伦斯，但在孩子出生三周后弗洛伦斯便去世了。詹姆斯和莫德被要求照顾这个婴儿，在她出生后的头三年里，他们一直这样照顾着弗洛伦斯，直到她的父亲再婚并把孩子接了回去。

在婴儿弗洛伦斯来到奈史密斯夫妇家两个月后，他们也有了自己的新生儿，一个名叫海伦的女孩，生于 1897 年 12 月 21 日。

照顾两个婴儿，再加上他两岁的女儿，任何人都会忙得不可开交，更不用说奈斯密斯还需要上医学院、干一份全职的工作。在医学院的第三年是最困难的，但奈史密斯坚持完成他的课业，他知道自己离目标越来越近了。他不知道另一个悲剧即将来临，一个会影响一生的悲剧。

有一天，奈史密斯在丹佛青年会的体育馆里主持一个翻跟头的课程。班上的一个男孩试图翻一个筋斗，但他的时机不对。他没有正确落地，本来应该是脚落地，结果他的头先接触到地面。尽管他落在了厚厚的软垫上，但坠落的压力使得他的脖子被扭断了，他因此丧命。

这次事故让奈史密斯一直都在做噩梦。他从床上跳下来，一身冷汗，发现自己“像暴风中的树一样摇晃”。还有一些晚上，他躺在床上好几个小时，无法入睡。他甚至在白天也会发作。他越是想把事故抛在脑后——试图说服自己那确实是一场事故——他就越是无法忘记它。他不知道这场悲剧是否会让他发疯。

有一天，奈史密斯的眼睛里充满了泪水，他走到体育馆内发生事故的地方，开始祈祷。他请求上帝帮助减轻他的痛苦和折磨。

1898 年 4 月 8 日，奈史密斯被授予医学博士学位，四天后学校举行了毕业典礼。他很高兴自己又完成了一个目标，但他不知道未来还有什么挑战在等着他。正如他从神学院毕业后但没有选择成为牧师一样，新的医学学位并不意味着奈史密斯已经决定成为一名医生。他对在医院工作或入职私人诊所并不感兴趣，即使这些选择意味着他的财务状况将得到极大改善。他更感兴趣的是如何利用他的医学知识来进一步加深对人体的理解，并帮助年轻人发展成为身心健康的人。他不仅想了解人体是如何工作的，而且想知道为什么。

然而，这次致命的事故让他对继续在青年会工作产生了动摇，就在他为自己的未来冥思苦索时，幸运女神和一位老朋友的回忆，让奈史密斯走上了一条全新的道路。

第六章 入职堪萨斯

1892 年，阿莫斯·阿隆佐·斯塔格离开培训学校，成为芝加哥大学的体育主任兼橄榄球教练。即使在奈史密斯搬到丹佛后，斯塔格和奈史密斯仍然保持着联系，斯塔格得知奈史密斯已经从医学院毕业，已经为具有挑战性的新工作做好了准备。

1898 年的一天，斯塔格收到了他的老板——芝加哥大学校长威廉·哈珀（William Harper）的来信。堪萨斯大学的校长弗朗西斯·斯诺（Francis Snow）曾与哈珀联系，询问哈珀是否可以为堪萨斯大学的一个空缺职位提供推荐人选。

堪萨斯大学的第一位付费橄榄球教练，赫克托·考恩（Hector Cowan）牧师，在 1898 年赛季开始前就辞职。考恩毕业于普林斯顿神学院，也曾担任过大学的教堂主任。学校聘请菲尔丁·H. 约斯特（Fielding H. Yost）作为新任的橄榄球教练，但当他被告知这个职位还需要担任教堂主任时，他却退缩了，因为这需要他每天早上带领学生进行祈祷。

斯诺不想失去约斯特这位橄榄球教练，于是决定将这些工作分开。与此同时，大学正在组建一个体育系，斯诺将教堂主任的工作纳入该系主任的工作职责中。当他联系哈珀寻求推荐人选时，这就是他想要填补的空缺职位。

当听到堪萨斯大学空缺职位的细节信息时，斯塔格毫不犹豫地给出了推荐人选。他给斯诺发了一封电报，内容如下：推荐詹姆斯·奈史密斯，篮球发明者，医学博士，长老会牧师，禁酒主义者，全能运动员，不吸烟，从不说脏话。地址：科罗拉多丹佛，基督教青年会。

堪萨斯大学联系了奈史密斯并向他提供了这个职位，这只是时间的问题。奈史密斯接受了这份工作。在他的工作描述中，没有出现“篮球教练”一词，因为这所大学没有篮球队。多年来，奈史密斯声称，他得到这份工作的唯一原因是，他知道如何祈祷，而且他可能还算适合。他的薪水是每年 1300 美元，相当于每周 25 美元。

1898 年 9 月初，在奈史密斯和莫德带着三个女孩乘火车离开丹佛之前，一位在莫德生病时照顾过玛格丽特的妇女前来道别，并送别他们一家。她还递给奈史密斯一个包裹，说是特别给玛格丽特准备的。她说她担心玛格丽特吃不到合适的食物，所以她要送一些给她。上了火车后，家人打开包裹，发现里面有一打鸡蛋。至于为什么是鸡蛋，没有人知道答案。奈史密斯将鸡蛋分给了火车上的服务员。

当一家人到达劳伦斯时，他们住进了埃尔德里奇旅馆，三个女孩身上突然都起了疹子。玛格丽特多年后回忆说："爸爸去了迪克药店，向迪克先生询问医生。迪克先生让他去找一位年轻的医生，他的办公室就在药店上面。琼斯医生赶到旅馆去看孩子的情况。他仔细看了一眼，然后忽然大笑起来。'如果你能把孩子们的那些羊毛衫和长袜脱下来，用凉水给她们洗洗澡，痱子很快就会消失，她们马上就会好起来。这在科罗拉多州可能是必要的，但堪萨斯州的热又是另一回事。'"

堪萨斯大学成立于1866年，学校历史与该州几乎同样悠久，并且正在迅速发展。作为仅有一个人的体育系，奈史密斯需要教授新生必修的卫生课、体操课以及任何可以提供的其他课程，监督体育部，组织每天的礼拜仪式。

他们通常在拥有660个座位以及一架管风琴的礼堂做礼拜，时长约一小时，里面是1872年就已经启用的"新"弗雷泽厅。礼拜仪式由读经、祷告、唱歌和由奈史密斯或特邀演讲人提供信息组成。尽管所有学生都应该参加每天的礼拜，但参与人数开始逐渐减少。这导致大学将礼拜改为隔天进行，然后进一步削减，改为每周一次，时间为每周二上午10点。最终，大学不得不取消了强制参加的规定，并将礼拜仪式改为自愿参加，最后将礼拜仪式完全解散了。

奈史密斯的第一间办公室位于斯诺厅的楼梯下方，斯诺厅内设科学院。奈史密斯在教授体育课的同时，旁边的老师也在进行植物学和其他科学课程的教学，而这些课程只是靠一张铁丝网隔开。“体育馆”位于斯诺厅的地下室，它有一个 36 英尺宽、84 英尺长的球场，地板中央有一排支撑柱。这个球场的另一个缺陷是，它的天花板只有 11 英尺（3.35 米）高。

在奈史密斯刚到劳伦斯时，篮球被认为是一种“娘娘腔”的游戏。1897 年，从拉德克利夫学院来的转校生洛拉·贝尔（Lola Bell）向一群女生介绍篮球，促使她们开始尝试这项运动。学生年鉴在 1899 年报告中写道：“为了引起学生和教师对游戏的兴趣，她们已经做了一些徒劳的尝试，最终都以失败告终。”

因此，在来到劳伦斯短短三个月后，奈史密斯再次主动向一群学生宣传这项运动的优点。他在体育课上介绍了这项运动。随后组织了一个由八支球队组成的校内联盟，其中包括一支教职员工队，这些球员以前都没有参加过甚至都没有看过一场篮球比赛。奈史密斯从这些人中挑选出了学校第一支正式的男子球队的成员。

篮球队的许多队员都曾经都效力于橄榄球队。美国优秀大学生联谊会（Phi Beta Kappa）荣誉协会成员威尔·萨顿

（Will Sutton）被选为队长。第一支球队的成员休伯特·埃弗里（Hubert Avery）也曾效力过橄榄球队。奈史密斯回忆说：“埃弗里除了一门功课外，其他每门功课都是第一名，教员给他的分数比较低，因为他说在他班上没有人可以在打橄榄球的同时拿到第一名的成绩。”

奈史密斯认为，堪萨斯大学的第一支球队，尽管包括很多的橄榄球运动员，但他们更多的是以其技术而非体力而闻名。“这些人参加比赛更多是为了娱乐，而不是把它们看成校际比赛，但在很短的时间后，他们便希望扩大影响规模，与堪萨斯城（基督教青年会）队的比赛已经安排在日程上。”

1899 年 2 月 3 日，堪萨斯大学历史上第一场正式的男子篮球比赛在堪萨斯城基督教青年会举行，堪萨斯大学以 16 比 5 输掉了比赛。奈史密斯担任了这场比赛的裁判，正如他在早期经常做的那样。

奈史密斯后来写道：“当堪萨斯城队想要得到球时，他们不顾及场上球员，无视规则。用这种赤裸裸充满侵略性的方式，只为了得到球，但伤害了球员。我在判罚犯规时，我被告知这种行为没有犯规，而且不应该传递出这是犯规的行为举动。

“我对体育精神的理解是按照规定的规则进行比赛，我一直试图用技术克服这个障碍，但我们最终还是被打败了。”

校报《堪萨斯大学日报》（*University Daily Kansan*）对这

场比赛做出如下报道：

比赛在晚上8点45分准时开始，堪萨斯队的球门在南面。比赛按规定进行了20分钟的半场比赛。

比赛进行了一分钟后，由于一次犯规，萨顿执行一次罚球。从这时起，比赛节奏变得异常迅速。比赛进行了三分钟后，基督教青年会投进第一个球。一分钟后，萨顿完成了比赛中最轰动的一次表演。队友将球传给萨顿，他将球滚了三码。（滚球是传球的一种选择，因为当时还不允许运球。）他被两个基督教青年会的人恶狠狠地围住，他在距离篮筐12码的地方后仰跳投，将球打进。

在接下来的10分钟里，基督教青年会未进一球，半场结束时基督教青年会4分，堪萨斯3分。

下半场比赛堪萨斯大学发起反击，并一举超过了基督教青年会。亨德森（Henderson）和鲍恩（Bowen）以其巧妙的滚动表现赢得喝彩，而萨顿则似乎同时出现在各个地方。这半场的后半段，比赛的重点就是犯规的数量。

比赛于晚上9点45分结束，最终比分定格为基督教青年会16分，堪萨斯5分，每次进球只算一分。

大约有 150 人到场观看了这场比赛，第二天《劳伦斯日报》也对这场比赛进行了报道。这份四页报纸的最后一页上有两段话报道了这场比赛的结果。“大学的男孩在任何类型的比赛中都能让敌人感兴趣，昨晚的激战是迄今为止本赛季打得最精彩的一场，”报道说，“老虎队获胜的原因很简单也很充分，那就是他们玩游戏的时间更长，而且比堪萨斯大学队更强壮。”

多年来，各种消息来源都报道说，堪萨斯城队的一名球员杰西·詹姆斯（Jesse James），是臭名昭著的逃犯。然而，这些报道的问题在于詹姆斯在 1882 年被枪击中头部后死亡，比这场比赛早了整整 17 年。然而，很有可能有另一位杰西·詹姆斯——这位逃犯的儿子参加了堪萨斯的第一场比赛。年轻的詹姆斯应该是 23 岁，根据人口普查记录，他在 1900 年已经结婚并住在堪萨斯城。

除了缺乏比赛经验之外，堪萨斯大学的第一支球队还因设施不足受到限制。斯诺厅的地下室不能满足正式比赛的需要，仅仅只有 11 英尺高的天花板，甚至都不能满足训练的需要。奈史密斯不得不寻找其他场地来进行主场比赛。严格来说，学校历史上的第一场主场比赛是在一周后，1899 年 2 月 10 日进行的，当时托皮卡青年会来到劳伦斯，但两支球队阴差阳错地在市政溜冰场相遇。

堪萨斯大学取得了比上次好得多的成绩，他们拿下了学校篮球史上的第一场胜利，以 31 比 6 的大比分获胜。威廉·萨顿得了 13 分，掀起堪萨斯大学的进攻高潮。1899 年 2 月 11 日的《劳伦斯日报》对这场比赛的关注程度远远超过了之前对阵堪萨斯青年会的那场比赛。该报报道："周五晚上大概有 50 人在溜冰场观看第一场大型主场篮球赛，天气非常冷，在惯例的抛球之后，乐队演奏了熟悉的旧曲子，比赛开始了。"该报道还说："校队中有一些人体形差不多。从他们配合的方式可以看出，他们比对手在一起打了更长时间的篮球。"

在那个赛季的另外五场比赛结束之后，堪萨斯大学以 4 胜 3 负的成绩结束了第一年的比赛。其中包括与堪萨斯基督教青年会的复赛，他们以 17 比 14 的比分成功复仇，在这场比赛中，奈史密斯改变了策略并且更换掉一些第一场比赛中的球员。这场比赛，他再次担任了裁判。

"我带着橄榄球队的端锋、中锋和半卫以及摔跤冠军，"奈史密斯写道，"为了追赶上正常的篮球队，这些人逐渐对篮球产生了兴趣，虽然接触篮球的时间不多，但他们在技术上与其他球员并不一样。球队组建完毕，有了这些人，在对手推他们的时候，他们不会让步，而是要坚守自己的位置。这些人脸上的喜悦表情表明，他们彻底接受了这些规则，比赛才正式开始了。

"当堪萨斯城队的球员试图像往常一样拿球时，他们被橄榄球运动员送了回去，这让他们感到非常惊讶。那场比赛我很少判罚犯规，让他们按照自己对规则的理解进行比赛。

“没过多久，堪萨斯城队的队长质问我们是不是不打算判罚任何犯规。我们告知对方队长我们很乐意在看到犯规的时候进行判罚，他满脸的鄙夷和不屑，又一次质问我们的吹罚尺度。没过多久，他就又回来了。我叫了暂停，并解释了他们一直在做的事情，篮球应该怎么打，他同意按照约定好的规则来打比赛。我们又派上了原来的球队继续进行比赛。

那一年的最后一场比赛是以 18 比 3 战胜威廉朱厄尔学院，这是堪萨斯第一次与大学球队而不是基督教青年会球队交手。

那些早期比赛一些客场的设施并不比斯诺厅的好多少。与威廉朱厄尔学院比赛时，球队在一个宽 18 英尺、长约 75 英尺的体育馆里比赛。虽然它有一个高高的天花板，但每一边都有柱子。对阵密苏里州独立城基督教青年会时，比赛是在一个马厩上方的阁楼里进行的，用灯笼照亮。即使是堪萨斯城基督教青年会的设施也有缺点。它位于建筑的第三层，球场宽窄不一，地板为了给楼梯提供空间而被切掉。一个球门被固定在墙上，另一个挂在两扇窗户之间。

虽然奈史密斯一直在留意他认为可以加入篮球队的人，但他也至少有一次试图帮助他在橄榄球队的朋友。1899 年秋天，一个新生引起了他的注意，他就是乔治 · R. 克里普斯（George

R. Creps），他的家乡是堪萨斯州的南雪松市。奈史密斯认为他看起来是个不错的橄榄球队人选，他向教练菲尔丁·约斯特（Fielding Yost）推荐他。约斯特同意他加入球队，当堪萨斯大学去林肯与内布拉斯加大学比赛时，他让克里普斯上场比赛。克里普斯打了一场好球，帮助堪萨斯大学赢得了胜利，但随后他又突然从球队和校园中消失了。

他的失踪导致了一场调查，而真相最终水落石出。约斯特从西弗吉尼亚大学来到堪萨斯，那里有一个明星球员叫 G. R. 克雷布斯（G. R. Krebs），他于 1899 年春天从该校毕业。他跟随约斯特来到堪萨斯州，在改变了他姓氏中的两个字母后，进入法学院学习。然后他开始在体育系“闲逛”，直到他被奈史密斯“发现”。比赛结束后，克雷布斯回到了西弗吉尼亚州，他和约斯特恶作剧的最终受害者是奈史密斯和内布拉斯加大学。

那年秋天发生了一起更严重的事故，一名在大学建筑中工作的学生被卷入电梯和地板之间。他的头顶被压碎了。但当时劳伦斯没有医院，所以奈史密斯只能把这个男孩带到他家，在家里的餐桌上进行手术。在他妻子的劝说下，邻居哈坦夫人同意将男孩搬到她家，她继续照顾他，直到他康复。

堪萨斯大学篮球队接下来的几个赛季与第一年并没有什么不同。奈史密斯把更多的注意力放在了他的教学任务和他作为教堂负责人的工作上，而不是执教球队。最让他担心的问题是运动设施不足，当一场大火烧毁了溜冰场所在的建筑时，这使得情况变得更加糟糕。

1900 年夏天，奈史密斯在堪萨斯州渥太华附近的渥太华学院担任三个星期教员，赚取了 100 美元，并在威斯康星州日内瓦湖市的基督教青年会男孩营地担任教员。同年，他的外甥女弗洛伦斯在父亲再婚后与他团聚，那年 11 月詹姆斯和莫德迎来了他们的第三个孩子约翰。虽然约翰是奈史密斯家的传统名字，但这个男孩一直被称为杰克。

奈史密斯一家现在已经在劳伦斯定居，并加入了第一长老会，奈史密斯开始在那里教成人主日学课程。这些课程非常受欢迎，其他教会的成员也纷纷慕名而来，但这些人并没有留下来参与教会礼拜，这一现象让教会的官员感到十分恼火。奈史密斯决定在附近的停尸房里租一个房间，在那里为任何想来的人上课，一连数载。后来，奈史密斯为高中男生专门开设了一堂课，事实证明这堂课非常受欢迎，当这些男生从高中毕业后，他们继续来上奈史密斯的课，拒绝升入成人班。

无论是在周末还是在工作日，他的家庭和教学毫无疑问都是奈史密斯的热爱以及他的头等大事。他教授新生必修的卫生课程、运动学课程、击剑以及体操课程。杰克·哈米格（Jack Hammig）在 1962 年就读于堪萨斯大学时曾写过一篇关于奈史密斯的硕士论文，他在论文中写道：“作为一名教师，奈史密斯博士的强项之一是用问题挑战他的学生，这也经常导致在课堂上有激烈的争论。他认为精心构思的辩论是一种可靠的教学手段。”

人们普遍认为很难激发学生对于卫生课的兴趣，卫生课每周一次，上课时间是下午四点半，这时候大多数学生都已经很疲惫了，他们只想尽快结束一天的课程。学生们了解到每年的课程材料几乎没有什么变化，所以他们想出了一些办法来逃避强制性的出勤规则，一个学生替他的几个缺勤的朋友答到。毫无疑问，奈史密斯知道发生了什么，但对此他从来没有说过什么。

他更感兴趣的是帮助那些坐在课堂里并且想要学习的学生。他还喜欢辅导和指导学生，并总是愿意提供任何帮助。他很快就成为校园里最受欢迎的教授之一。

在他的体育课上，奈史密斯继续尝试发明新的游戏，以保持学生的兴趣。他的新发明中，没有一项能像篮球那样流行起来，它们被命名为拔河、百人球和自旋。他还为学校带来了更多的运动项目比如赛艇，负责监督校园高尔夫球场的建设，甚至教授长曲棍球并成为学校的第一位田径教练。

1901 年夏天，为了躲避堪萨斯州恐怖的高温，奈史密斯带着他的家人去威斯康星州的基督教青年会营地。莫德的母亲在芝加哥与他们见面，然后回到劳伦斯与他们一起生活。

堪萨斯大学在1900–1901赛季的12场篮球比赛中只赢了4场，奈史密斯意识到，随着时间的推移，其他学校对篮球运动的认识也在不断加深。就在那个赛季与哈斯克尔学院的比赛中，他目睹了比赛中的一个变化——区域防守。

在那之前，堪萨斯大学面对的每所学校都采用严格的人盯人防守。一名球员被指派去防守对方球队的一名球员，无论他在球场上走到哪里，他都负责跟着他，主要目的是让他不能得分。

“哈斯克尔有一名球员名叫阿奇奎特（Archiquette），他在卡莱尔学会了打后卫，卡莱尔是最早从事这项运动的机构之一，他被称为美国最好的后卫之一，”奈史密斯写道，“因为他有能力进行人盯人的防守，所以他对位的前锋很少能进球。

“堪萨斯大学有一名前锋叫弗雷德·欧文斯（Fred Owens），他在躲避对方后卫方面和阿奇奎特在拦截前锋方面同样出色。欧文斯是一个很棒的得分手，他为球队赢得了大部分的分数。在第一场比赛中……阿奇奎特被要求盯防欧文斯，他做得很好，以至于欧文斯很少有机会投篮，由于欧文斯无法达到平时比赛的出手量，堪萨斯队被打败了。”

在第二场比赛中，堪萨斯大学将欧文斯调到后卫位置，并让另一名速度快的球员担任前锋。当阿奇奎特发现欧文斯能够随意得分时，他在中场休息时改变了策略，开始通过防守一个区域而不是一个人来防守这两名球员——这是已知的第一次区域防守。

堪萨斯大学的赢球纪录在接下来的几个赛季中略有改善，球队在 1901–1902 赛季取得了 5 胜 7 负的战绩，在 1902–1903 赛季战绩为 7 胜 8 负。球队最大的问题是缺乏足够好的主场比赛设施，这使得球队通常被迫在劳伦斯青年会进行比赛。实际上，奈史密斯更多的是将这项运动视为一种娱乐活动，而不是竞技运动，这就是为什么，特别是当堪萨斯大学队在巡回比赛时，他作为裁判的时间远比他指导球员的时间多。他总是对球员的身心全面发展更感兴趣，而不在乎球队在某场比赛中的输赢。他十分关心篮球运动的发展，并尽其所能地推广这项运动。

那些年在奈史密斯的指导下，有一个名叫 A. A. 惠普尔（A. A. Whipple）的学生在 1903 年来到堪萨斯大学。奈史密斯回忆说，有一天，惠普尔在体育馆里向他走来，眼里饱含泪水，心情十分沮丧。

奈史密斯写道："他是带着进入橄榄球队的雄心壮志来到大学的。但当他出现在球场上时，教练们却通知他让他交还队服，不要再上场了。他身高约 6 英尺（1.82 米），体重约 118 磅（53.5 千克），我没有责怪那些教练们。后来我才知道他父亲把他送到大学来，不是为了学习上的进步，更多是考虑到他的身体发展。他有腭裂和兔唇。他的叔叔也有同样的情况，他的父亲认为，通过参加锻炼可能会消除这种缺陷。对这个男孩来说，他的整个人生计划似乎已经被打乱了。

“我告诉他其实还可以参加其他形式的运动，同样会对他有所帮助。几天后他回来了，我又向他推荐了一些能使他的身体得到发展的田径项目，而且他可能会在这些项目上有出色的表现。在他离开学校之前，他是田径队队长，并保持着撑竿跳、跳高、高栏和铅球的纪录。”

对奈史密斯来说，比他的学生更重要的是他的妻子和孩子。1902 年夏天，当家人没有陪他一起回到威斯康星州时，他经常给莫德写信，几乎总是谈及他多么想念和家人在一起的时光。

他在 1902 年 7 月 19 日的信中写道：“亲爱的，今天收到你甜蜜的来信，我十分高兴，已经读了好几遍，每次读都觉得更加甜蜜，你的爱对我来说非常珍贵，你对于你的老情人来说也是一样珍贵。我真的很爱你。我们这里有很多新婚夫妇。帐篷里有一对，隔壁也有一对。他们认为爱情会起起落落，但我知道，蜜月之爱只是美好事物的开始。我对你的爱是永恒的爱，是经得住时间考验的。我好几次想到了我差点失去你的时候，一想到要失去你，我就觉得很可怕，不能再想了。我觉得上帝肯定有一些工作要我们去做，他将帮助我们完成这些工作。”

奈史密斯在秋天回到劳伦斯，有一天在斯诺厅的地下室，他注意到管理员克罗克（Crocker）先生在查看地板上的一个洞。经过进一步调查，奈史密斯发现，在地下室地板和建筑物的实际地基之间有大约五英尺的空间。他成功地说服学校官员拆除地板，并将其降低到地基，使得天花板从11英尺高变成16英尺高，场地变得更适合打篮球。

然而，苦于没有办法对体育馆地板中间的承重柱进行改造，许多球队仍然拒绝在那里进行比赛，因为他们担心球员会严重受伤。奈史密斯开始努力游说学校领导建造一个全新的体育馆，在1902年接替斯诺担任校长的弗兰克·斯特朗（Frank Strong）最终也同意这个合理的要求。他们开始规划新罗宾逊体育馆。

1903年的春季大雨瓢泼，堪萨斯河水面上涨，漫过河堤，淹没了劳伦斯北部的一个地区。当奈史密斯听说需要志愿者渡过暴涨的河水去救助受困的居民时，他毫不犹豫地成为志愿者。那里有一户人家带着一个生病的女孩被困在屋顶上。

“我的父亲是一名医生，他也会划船，因此他自愿过河，并带上了一些药，希望能做一些力所能及的事，”海伦·奈史密斯多年后写道，“另一个人也自愿和他一起去了。他们和另一艘船一起离开登陆点。当他们到达河中央时，一根木头撞到了船，船翻了。他们离大坝太近了，什么也做不了，船上的两个人都落水了，有传言说爸爸淹死了。

“南岸有人去找长老会的牧师，告诉他发生了什么事，并请他到家里去告诉我母亲。他在上午十点左右来到前门将消息告诉母亲。在很短的时间内，所有的邻居和许多朋友也都来到门前。下午，不断有人来到家中，屋子已经挤满了人，大家都是来慰问的，但在这时父亲走了进来。

“他的衣服上沾满泥巴，他穿着高筒靴，靴子上的水滴在地面上。我不确定那时谁更惊讶，是父亲还是他的朋友。经过一番解释，终于弄清了事情的原委。原来是另一艘船翻了，只有一个人获救，我父亲是安全的。人们把那个生病的女孩从屋顶上抱下来放进船里，将她带回南边，在那里她将会得到照顾。在那之后的许多年里，女孩的父母每隔一两个星期就会给家里送来新鲜的蔬菜和鸡肉。”

谢尔曼夫人的健康状况越来越差，她想回到她在斯普林菲尔德的家中。1904 年夏天，奈史密斯把她带回到那里，在感恩节前不久，传来消息说她已经去世了。那是在奈史密斯家的第四个孩子——一个叫莫德·安（Maude Ann）的女孩出生后一个月。她出生时体重还不到四磅，几天后奈史密斯夫妇才被告知她能活下去。

自从奈史密斯家搬到劳伦斯后，孩子们一直由西尔弗斯（Silvers）阿姨照顾。海伦说：“她能讲出我听过的最吸引人的故事，能让我们所有人每次都安静几个小时。她的故事从来没有重复的。”尽管西尔弗斯阿姨是黑人，但奈史密斯夫妇将其视为家庭的一员，从不认为她是奴隶或女仆。奈史密斯知道该如何对待妇女，无论是黑人还是白人，这无疑又让他想起自己的童年，以及他对自己的母亲有多么崇敬，无论是她活着的时候还是死后。

正值 1903 年秋天，奈史密斯帮助建立了堪萨斯的第一支女子篮球队。玛丽·贝内特（Mary Bennet）是她们的教练，但在球队输掉前两场比赛后，奈史密斯被请来协助贝内特，该队赢得了最后的六场比赛。

这支队伍遇到的一个问题与前几个赛季东海岸的一些女队一样，那就是应不应该允许男性观众观看比赛。堪萨斯大学的官员不情愿地决定准许那些被特别邀请的男性入场。学校的公告声称：“这些门票不会随意公开出售……如果你被一个女孩接近并腼腆地招揽你去购买，那么你应该视其为个人邀请并感到荣幸。”

男子队的表现和奈史密斯刚将篮球引进堪萨斯大学队的时候大致相同。在 1903–1904 赛季只有 5 胜 8 负的战绩。然而，希望就在前方，但奈史密斯和其他人当时都不知道这一点。

那年的队长是哈里·“皮特”·艾伦，他从密苏里州的独立城来到堪萨斯，最初是在橄榄球队担任截锋。在 20 世纪初，他被认为是学校最好的全能运动员之一，除了担任篮球队队长外，他还是学校棒球队的投手。

篮球是艾伦的弟弟福里斯特选择的运动，他经常从独立城到劳伦斯观看他哥哥的比赛。福里斯特是堪萨斯城体育俱乐部的成员，这是一支美国业余体育联合会球队，在1904年2月18日以27比10的大比分击败堪萨斯大学队。

早在1897年，美国业余体育联合会就举办了一次美国篮球锦标赛，吸引了大部分来自纽约的当地球队，因为这项运动正在迅速推广，1901年的冠军由来自芝加哥的一支球队获得。1902年和1903年没有举行美国全国锦标赛，但人们都普遍认为美国最好的球队是来自纽约州水牛城基督教青年会的水牛城德国人队。1905年春天，在福里斯特·艾伦的带领下，堪萨斯城俱乐部邀请德国人队打一场三局制的比赛。

两队在前两场比赛中打平时，奈史密斯也在场。每场比赛结束后，失败的一方自然会抱怨裁判，双方都要求奈史密斯担任第三场，也就是决定性比赛的裁判。奈史密斯同意了，但在比赛前他警告两队，比赛将按他的规则进行。众所周知，奈史密斯并不喜欢粗暴或过于攻击性的比赛。被选为裁判是对奈史密斯的公平竞争意识和诚实正直的极大褒奖。

堪萨斯城队的球员们在与堪萨斯大学的比赛中对奈史密斯有了更多的了解，他们知道该期待什么。“由他担任裁判的比赛一般都进行得很顺利，因为他了解篮球，球员也把他说的话当作最终结果，”堪萨斯城队的队员汤姆·夏伊拉斯（Tom Shiras）多年以后说，“他在比赛中担任裁判时的规定制服是一件深色的紧身羊毛衫和一顶帽子。”

这场比赛吸引了4000名球迷前来观赛，堪萨斯城队以45比14的大比分轻松取胜。当时的规则要求一名球员执行本队的所有罚球，而为堪萨斯城队执行罚球的队员是福里斯特·艾伦，他投中了17次罚球。

水牛城德国人队对奈史密斯的比赛判罚方式更加不满，他们的队长希尔特说：“这简直是婴儿的比赛方式。”

奈史密斯说，他作为裁判员使他无法观察个别球员以及他们的表现，但他已经从艾伦的哥哥那里知道了艾伦的情况。虽然他没有从高中毕业，但福里斯特·艾伦也计划在1905年秋天上大学，他的决定是在堪萨斯大学和密苏里州大学之间进行选择。

在1967年的一次采访中，艾伦解释了他为什么选择他哥哥的学校堪萨斯大学。“我去那里看到那些比赛，自然而然地对堪萨斯大学产生了兴趣。我注意到劳伦斯有宽阔平整的街道。哥伦比亚的街道则泥泞不堪。那时他们还没有把密苏里从泥泞中解救出来。商店的门面也不同。劳伦斯的门面都是玻璃的，商人们的打扮也十分时髦，而哥伦比亚的许多商店门面都是用木板封起来的。我可以看到区别，我想去一个更发达的地方。”

1905 年秋天，还差两个月就 20 岁的福里斯特 · 艾伦走进了堪萨斯大学，那时他立志成为一名律师。但这些计划很快就改变了。

第七章 那个学生来了

艾伦来到堪萨斯大学在当时是个大新闻，人们对即将到来的篮球赛季无比期待。10 月 18 日《堪萨斯大学日报》报道说，艾伦在前一天晚上就在斯诺厅首次亮相。

该报报道称：“因为场地的天花板太低了，艾伦无法展示他出色的远投能力，但他给大家提供了一些怎么快速融入比赛的好办法。艾伦将能够参加今年的比赛，并将大大提升球队的实力。他是世界冠军之一，被认为是世界上最好的投手。”

虽然当时的堪萨斯大学还没有加入一个正式的联盟，但他们同意在 1905–1906 赛季遵循芝加哥联盟的规则，即十大联盟的前身。联盟的规则之一是，新生在第一学期没有资格参加校队比赛，所以艾伦和另一个新生汤米·约翰逊（Tommy Johnson）一起组建了学校的第一支新生队。该队与校队共进行了三场比赛，赢下其中的一场比赛。

当时没有关于大学生可以同时效力大学球队和美国业余体育联合会球队的规定，所以那年秋天，艾伦为堪萨斯城体育俱乐部队效力，在圣诞节期间又代表独立城的现代伐木工队出战。

然而，奈史密斯、球队其他成员以及所有堪萨斯大学的篮球爱好者都在期待 1906 年 2 月 8 日，因为到那天，艾伦就有资格加入堪萨斯大学校队。他在下半场替补出场，帮助堪萨斯以 40 比 10 战胜怀安多特运动俱乐部。第二天，他也起到了同样的作用，帮助堪萨斯大学以 43 比 16 战胜独立城运动俱乐部。

1906 年 2 月 12 日，在林肯对阵内布拉斯加大学的比赛中，艾伦首次代表堪萨斯大学首发出战。他个人得到 23 分，带领堪萨斯大学以 37 比 17 战胜对手。他表现最好的一场比赛也是那个赛季的最后一场比赛，在主场对阵现在被称为恩波利亚州立大学的学校。艾伦拿到 26 分，带领堪萨斯大学以 60 比 13 大胜对手，这一学校纪录一直保持到 1915 年。

堪萨斯大学以 12 胜 7 负的战绩结束了赛季，这也是在奈史密斯执教期间，球队第一次也是唯一一次取得全年胜利的纪录。最后两场主场比赛是在斯诺厅的拥挤看台前进行的。艾伦对球队而言至关重要，那年最后一场原本计划是对阵贝克的比赛，在确定艾伦因手部受伤而无法上场时，比赛被取消了。回首过去的一整个赛季，《堪萨斯大学日报》这样评价艾伦：“他是一个成熟稳定的球员，他是值得信赖的，球队和学校的未来充满无限可能。”

奈史密斯对这一年的成绩十分满意，因为胜利的记录不仅会让球员感觉良好，而且球队的成功会吸引更多的比赛观众，这样有助于新的罗宾逊体育馆的建设。当然，奈史密斯想要这个体育馆，不仅仅是因为它能够容纳篮球队。这将为他的体育课和其他体育活动提供更多的空间，这些对他来说比篮球队更重要。

和艾伦的哥哥一样，艾伦被证明不仅仅是一个单项运动明星。他在秋季打过橄榄球，当篮球赛季结束后，艾伦又加入了学校的棒球队，担任投手和内野手。但是，篮球显然是他的首选。除了为堪萨斯大学打球外，艾伦在那个赛季还参与了贝克篮球队的工作。贝克队位于劳伦斯以南 20 英里的鲍德温市，但这支队伍没有教练，球队询问学校意见后，学校官员要求艾伦只能在球队中做兼职。

坊间流传着一个故事，可能是真的，也可能是假的，是关于艾伦在 1906 年秋天准备回到堪萨斯大学读大二时发生的事情。根据传闻的描述，贝克篮球队的管理人员对艾伦上个赛季在他们球队的表现印象深刻，写信给堪萨斯大学，他们希望艾伦下赛季能执教贝克队。这封信被送到了奈史密斯那里，据说他把艾伦叫到了他的办公室。

“我有一个很好的笑话说给你听，臭小子，”奈史密斯告诉艾伦，“有人想让你在贝克大学教篮球。”

“这有什么好笑的？”艾伦说。

奈史密斯回答说，“这不好笑吗？你不能执教篮球，你只是个球员。”

那次会面是否真的存在，对话内容是否如史料所记载的那样？这很难说得清。奈史密斯在他的任何自传笔记中都未曾提及那封信、那次会面或与艾伦的交流。在艾伦的传记《福格·艾伦：篮球教练之父》中，作者布莱尔·科霍夫（Blair Kerkhoff）认为，这个故事随着时间的推移很可能被夸大了。

科霍夫说艾伦可能在1905年秋天从学校官员那里收到了执教贝克的邀请，因为他们得知艾伦在堪萨斯城俱乐部对水牛城比赛中表现惊艳。只要他在贝克的兼职教练取得了成功，他们自然会希望他继续执教。然而，根据科霍夫的说法，艾伦在许多演讲以及文章中复述了他与奈史密斯的会面以及谈话的故事。但从未提及一年前已经收到贝克队的报价。

无论真相如何，历史已经记录了这次交流，其最后一句话——“你不能执教篮球，你只是个球员”——已经成为奈史密斯最有名的引语之一。无论他是否对艾伦说过这句话，毫无疑问，这句话准确地描述了奈史密斯对教练在他发明的运动中的重要性和价值的看法。

而且不管这次会面是否真的发生过，众所周知，艾伦离开堪萨斯接受贝克的工作，在这个赛季后，他会结束他在劳伦斯的球员生涯。

在确认艾伦要离开后，奈史密斯在他的办公室召开了一次球队会议，向艾伦的前队友们宣布了这个消息。球队一直指望着艾伦在1906–1907赛季再次带领他们，尽管他只是一名大二学生，但队员已经选举他为下一年的队长。

艾伦的离开极大地影响了球队的战绩，球队跌跌撞撞地进入了另一个失败的赛季，最终以7胜8负的战绩结束了这一赛季。其中一次是输给了艾伦的贝克队，比分是39比24。比赛结束后，《堪萨斯大学日报》报道了许多人已经开始意识到的状况。奈史密斯担任体育教育主任，日常需要教学，并主持礼拜仪式，他几乎没有时间参与学校篮球队的工作，即使他认同教练的存在有一些价值。他安排了球队的日程表，但却很少去客场比赛，并且当他去客场时，他往往是作为裁判员而不是作为堪萨斯大学的教练。"一支球队在发展壮大中的巨大困难是没有合适的训练场地以及教练的缺席，"《堪萨斯大学日报》说，"这项运动的发明者詹姆斯·奈史密斯博士，忙于他作为体育主管的工作，他很少有时间对队员们进行彻底全面的训练。"

艾伦一直与堪萨斯大学的球员保持着联系，每个赛季中至少来劳伦斯两次，和他们一起训练。奈史密斯也开始意识到自己顾及的事情太多。1907 年赛季结束后，奈史密斯同意辞去学校篮球教练的职务。他从副教授晋升为教授，并被安排负责新罗宾逊体育馆建设的最后细节。

奈史密斯的篮球教练生涯结束了。在执教的九个赛季中，他的球队总共取得了 55 胜 60 负的成绩。迄今为止，他仍然是堪萨斯大学历史上唯一一个拥有失败职业记录的教练。

离开教练岗位并没有让奈史密斯感到沮丧。相反，这可能给他带来了更多的乐趣，因为这使他能够专注于他认为比篮球更重要的活动。他最自豪的时刻之一是在新罗宾逊体育馆的开幕式上，该体育馆以马萨诸塞州斯普林菲尔德的基督教青年会为原型。这座设施的建造成本高达 10 万美元，立即成为密西西比河以西最好的体育设施。体育馆的地下室有 1500 个储物柜，还拥有一个游泳池，一个橄榄球队的训练区，其他体育课和活动的空间，以及一个标准的篮球场，天花板很高，球场中间没有柱子，能容纳 3000 人观看比赛。

1907 年 12 月 13 日，堪萨斯大学队在新体育馆进行了第一场比赛，对手是渥太华队，他们以 66 比 22 的大比分轻松获胜。普通入场票 25 美分，预留座位则需要额外支付 10 美分。这是新教练福里斯特 · 艾伦执教的堪萨斯大学队的第一场比赛，他现在越来越多地被称作福格 · 艾伦，这个绰号将伴随他的余生。

奈史密斯把球队交给了艾伦，同时监督堪萨斯大学加入新密苏里山谷联盟这一行动，新联盟的成员有密苏里大学、内布拉斯加大学、爱荷华大学和圣路易斯华盛顿大学。艾伦也继续在贝克队执教最后一年，因为堪萨斯城、劳伦斯和鲍德温市之间火车通勤十分方便，他仍然有足够的时间指导堪萨斯大学取得 18 胜 6 负的成绩，其中包括在联盟中取得 6 胜 0 负的完美成绩，赢得了第一个联赛冠军。

放弃篮球教练职位让奈史密斯拥有更多的时间从事其他活动。他更喜欢这些活动。据记载，奈史密斯实际上只打过两次他发明的游戏——篮球，一次是在斯普林菲尔德，另一次是在堪萨斯，在 1898 年的一场比赛中。

奈史密斯说："我想早期的摔跤、拳击和橄榄球训练对我来说影响很大，我会条件反射式地抓住我的对手。所以我很同情那些无心犯规的男孩，但我不能忍受故意犯规。"

相较于篮球，奈史密斯更喜欢那些他带到堪萨斯大学或助力发展的一些运动，包括摔跤、击剑、长曲棍球、高尔夫、田径以及赛艇。他绝对是一个有远见的人，但他并没有被篮球所吞噬，他也从未追求过这项运动可能为他带来的名利。他的生活中还有其他目标。

当他来到堪萨斯大学时，他发现两年前学校在堪萨斯州艾奇逊购买了一个废弃体育馆的全部库存，包括各种击剑设备。在奈史密斯来到劳伦斯之前，学校里没有人知道该如何使用这些设备。

他提出了要在大学里建造一个高尔夫球场的想法，地点就在现在的橄榄球场附近，并自愿为学生、教员和劳伦斯当地居民提供课程。事实证明，这项运动非常受欢迎，以至于学校行政部门不得不通过一项规定——在周日关闭球场。

在奈史密斯的指导下，人们对田径项目的兴趣也越来越浓厚，学校不得不为他增加一名助手，帮助他指导田径队，这名助手就是堪萨斯大学第一位参加奥运会的运动员——费伊·穆尔顿（Fay Moulton）。到 1907 年，堪萨斯大学已经有了一名在奈史密斯的指导下工作的全职田径教练。

奈史密斯曾在加拿大打过长曲棍球，这也是他最喜欢的运动之一，所以他很自然地把它介绍给堪萨斯大学的学生。在学校 1908 年的年鉴中可以看出，长曲棍球比赛已经变得很受欢迎，长曲棍球团队照片与男子篮球队照片同样被摆放在显眼的位置。

对奈史密斯来说，发展这些团队并为他们与其他大学的竞争做准备是非常重要的。他为自己将校内体育活动带到大学而感到自豪，这样一来，那些本来可能不会参与体育活动的学生可以参与比赛。奈史密斯通过自己的教育，认为体育比赛是学生在大学里全面发展的真正重要组成部分，而校内项目让这些学生体会到体育活动的好处。

他帮助对划船感兴趣的学生，开始仅仅是校内活动。1908年在堪萨斯河上举行的第一次赛艇比赛吸引了71名参赛者和大批观众。当波特湖被引入校园时，最初的想法是在大学建筑发生火灾时可以利用湖水，它很快成为学生们最喜欢的游泳和划船的地方。大学的年度独木舟比赛很快就在湖边举行了。

奈史密斯和家人搬到了一个拥有更大院子的新房子，成长中的孩子有更多的空间可以玩耍。当奈史密斯出城旅行时，他总是为他的妻子和其中一个孩子带礼物回来。海伦·奈史密斯回忆说："有一次是小提琴，另一次是一套毛皮衣服，总是好东西。在他走之前，我们总会知道谁是那个幸运儿，如果我们的要求不是太离谱，我们通常会得到我们所要求的东西。"

奈史密斯一直记得这些礼物，但在1908年的一次纽约之行中，他在给妻子的信中说，当他的火车到达匹兹堡时，他必须在那里换车，这时他忘了一件事。他写道："我准备在4点45分离开。就在四点钟的时候，钟声响了五下，我的火车就走了，我忘记了把中部时间改成东部时间。但幸运的是……我赶上了下一班火车，到了费城，只比前一班车晚了15分钟。"

假期也是奈史密斯家的一个愉快的时刻。海伦·奈史密斯回忆起她幼年时期的一个美国独立日和一个阵亡将士纪念日。

7 月 4 日，身处堪萨斯州仿佛置身于火炉之中，那是堪萨斯独有的热。附近的所有孩子和他们的父母都聚集在我们家观看烟花表演。那是在 20 世纪初，烟花表演当时十分流行。所有人都贡献了自己的一份力量，衣服篮子里装满了罗马焰火筒、冲天火箭、彩色焰火、小鞭炮、巨型爆竹，有些是安全无害的，有些是有一定危险性的。孩子们焦躁不安，疲惫不堪，家长们火冒三丈，疲惫不堪，但这是孩子们在漫长酷暑中最期待的时刻。

这一刻已经到来。我的父亲是个宽肩膀的大个子，中分发型，看起来颇有学者风范，而他粗硬的小胡子则使他看起来相当凶猛，他从篮子里拿出一个彩色焰火，走到人行道边的一棵大榆树旁，将彩色焰火滑放进晚饭前刚刚钉到树里的钉子上。在不耐烦的孩子们看来，灯芯好像永远不会燃烧。最终，它燃烧起来了，火花四溅。轮子没有转动，火星直接飞进了篮子里。首先是噼啪作响，然后是闪光，最后是节日最欢乐的时刻，天空中的冲天火箭和罗马烟花飞向各个方向。鞭炮声此起彼伏。我们今晚的娱乐活动很快就结束了。

阵亡将士纪念日也是一个家庭纪念日，海伦·奈史密斯说：

那些在前一天晚上没有摘花的人第二天天还没亮就出去了。莫德·安住在楼下，在其他人醒来之前她就已经摘下了花园里的每一朵花。她的老师一直在给全班同学讲关于装饰日（阵亡将士纪念日）的故事。她向他们解释了这一天的意义，它是如何开始的，以及它是如何发展成为一个国家节日的。

早餐已经准备好了，晨祈也已经完成，莫德·安说："爸爸，我准备好了，我们什么时候可以走？"莫德·安不仅是在早餐时，而且早上每隔几分钟就问一次。最后在绝望中，她在门廊的台阶上坐下来，开始解释这个家庭没有坟墓需要装饰，他们是多么幸运。

莫德·安猛地伸出双臂搂着奈史密斯的脖子，突然哭了起来。"但是爸爸我想要一个坟墓来装饰。所有其他人都会装饰坟墓，而我不会。"她是一个心碎的小姑娘。她回到学校没有任何东西可以告诉班上的同学，而其他人都有。

当父亲终于意识到这对她有多么重要时，他让她不要再哭了，跑去告诉她母亲给她穿衣服，他会看看他能做什么。没过多久，他们就开始去墓地了……一个父亲试图让一个小女孩活得有价值，一个快乐的小女孩背着一篮子半枯萎的花。第二天，她能够告诉全班同学，她和爸爸找到了一个坟墓，上面只有一面小小的美国国旗，他们用鲜花装饰了它。

当奈史密斯没有与家人共度美好时光时，他通常在新罗宾逊体育馆的办公室里，或者离开办公室在一个角落里教一小群学生击剑，或是在教其他课程。

但他唯独没有担心学校篮球队的命运。奈史密斯已经把这个任务交到了艾伦的手中，并且他从来没有顺路去艾伦的办公室提供建议。他在城里时确实出席了比赛，但他总是安静地坐在座位上，观察着比赛，没有欢呼或表现出任何其他情绪波动。

尽管艾伦与大多数球员年龄相仿，但他很快就展现了他的执教能力。在他担任堪萨斯大学教练的第二年，他带领球队在1908–1909 赛季取得了 25 胜 3 负的成绩，其中包括 8 胜 2 负的联盟纪录和连续第二年联盟冠军。

当初艾伦来堪萨斯大学的目的是成为一名律师，他也从奈史密斯那里学到了另一件事。他认识到如果打算继续从事教练工作，接受一定的医学培训将是明智的选择。于是，他决定在1909 年离开堪萨斯，开始在堪萨斯城的中央骨科学院接受骨科医生培训。

奈史密斯一直相信并支持附加教育，对于艾伦的决定他感到很高兴。然而，这也意味着他必须为篮球队聘请另一名教练。他将这份工作交给了威廉·O.汉密尔顿（William O. Hamilton），汉密尔顿曾在堪萨斯城的一支高中球队担任教练。汉密尔顿曾在堪萨斯城郊区的威廉朱厄尔学院就读，在那里，他既是球员又是教练。

汉密尔顿在堪萨斯大学待了十年，虽然他很成功，但奈史密斯开始对比赛中开始出现的一些变化表示不满。具体来说，奈史密斯对比赛的粗鲁程度感到担忧。1910年对阵密苏里队，在那场特别激烈的比赛中，奈史密斯说："哦，我的天哪，他们正在谋杀我的游戏。"

作为国家规则委员会的成员，奈史密斯带头呼吁裁判更严格地执行比赛规则，特别是"禁止身体接触"这条规则。他通过观看堪萨斯大学的比赛可以看出，许多球员都认为，粗暴的身体对抗是战胜拥有更多技术的球队的办法。

奈史密斯从朋友和同事那里了解到，在一些东部的比赛中，这种情况甚至更糟糕。在那里，教练们会在比赛前聚在一起，同意放弃球员在四次个人犯规后会被赶出比赛的规则。在一场这样的比赛中，每队都有超过40次的犯规，而且只有三次进攻得分。其余的分数都是靠罚球得来的，这让在场的球迷觉得比赛漫长而且无聊。

规则委员会认为，只要强制执行规则就会使比赛的质量发生变化，并再次产生强调参与者技能重要性的预期效果。规则委员会说："在这种新的比赛风格下，最完美的球员应该是能够击败对手的最快球员。打人不打球的球队将受到限制，因为他们将不断地犯规，而打球并依靠自身实力击败对手的一方将很少犯规，此外还能打出比对手更快的球。"

另一个让奈史密斯更加关注的领域他称之为"体育商业化"。在后来转载于 1911 年 5 月堪萨斯大学《研究生杂志》的一篇演讲中，奈史密斯列出了商业化对学院和大学体育产生负面影响的 16 条理由，包括：体育商业化"让准备把体育当成毕生事业的个人对体育形成错误的观点"，"有体育过度专业化的趋向，使得运动员不得不过度训练"，"体育也变成了一项工作"，"过于强调比赛的输赢"，"导致了体育领域的资本崇拜"，"刺激了赌博"，"导致阶级分化"，"使得体育成为一种特殊的项目而非大众娱乐项目"，同时也"破坏了班级精神和学院忠诚"。此外，"体育运动具有教育价值，这应该是教育机构的目标"。

奈史密斯列出的另一个理由是"体育运动可能是一个重要的道德因素。上这门课要在操场上活动。体育活动和操场提供了一个实验室，在这个实验室里公平竞争和公平对待这种重要的道德准则正在传授给儿童"。

最后他指出，"大学生是高中生心目中的英雄。每个学生都有责任支持体育以及其他一切事物的最崇高和最先进的理想。美国业余体育联合会一直支持规规矩矩的体育运动，他们自夸地说，如果没有他们，体育运动就会消亡。联盟已经到了需要去承认大学的业余运动的地位以及考虑他们的资格准则的地步。我们不能在这个时候倒退。”

考虑到目前所有有组织的体育运动的现状，1911 年奈史密斯在演讲时的这番言论，在他去世近 100 年后显得振聋发聩。

在这一点上，奈史密斯在很早的时候就开始将大部分时间用于研究运动员和普通学生。他的兴趣大部分来自他在医学院的培训。1907 年 4 月 6 日，《劳伦斯日报》刊登了一篇关于奈史密斯研究项目的报道，标题是：“通过对身高进行研究，奈史密斯博士发明了可以让人长高的机器”。

在这篇文章中，奈史密斯描述了他试图验证是否存在可以让人长高的实验，其中一部分是通过使用他发明的“拉伸”机器。报纸引用奈史密斯的原话：“我的实验理论是基于过去四年以来医生们提出的理论，即身体或多或少都具有弹性，通过正确的拉伸系统，可以使身体变长。据说，每天拉伸身体 30 分钟，持续 6 个月，就能长高两英寸。不仅下肢和脊柱可以被拉长，而且颈部和手臂也可以与身体其他部分成比例地被拉长。我进行实验是为了检测能使身体变长的机器是不是真的。”

奈史密斯说，他认为“拉伸”个体的最佳时机是在五个月到一岁之间。报纸上说奈史密斯认为，傍晚时分，让婴儿进行五分钟的伸展运动获得的效果可能与休息一整晚的成长效果一样。奈史密斯告诉报社，危险在于可能长得太快，而且没有办法阻止。

我们不知道奈史密斯进行了多长时间的测试，也不知道他取得了什么样的最终结果，但他的个人记录确实包含了大量的统计数据，这些数据是他多年来在对大学新生进行体检时尽职尽责记录的。他记录了身高、体重、臂展、胸围、腿围等测量数据，甚至还记录了学生每晚的平均睡眠时间，以及每天在户外活动的时间。这类信息让奈史密斯着迷，他在职业生涯早期就曾与古利克博士一起在斯普林菲尔德收集过许多相似的数据。

奈史密斯的另一个研究领域也吸引了大量的关注，那就是他发明了一个粗糙的呼吸分析器。为了测试酒精对神经系统的影响，他让喝过酒的人把一根直径约四分之一英寸的杆子，试着插入一个直径约半英寸的孔中，这个孔在一个金属块的中心。任何碰到金属块的人都会触发电路，而信息被记录在一个旋转的滚筒上。奈史密斯认为一个人喝的酒越多，他就越难把杆子正确地放入孔中。

他要求药学实验室的教授准备酒精和对照饮料的样本，并要求学生在罗宾逊体育馆排队，以便他能够进行测试并记录结果。当没有足够的学生参与时，他就对自己进行测试。

只有一次，莫德·奈史密斯对她丈夫努力进行的医学测试感到生气。1913年5月7日，这对夫妇的第五个也是最后一个孩子詹姆斯·谢尔曼（James Sherman）出生后，奈史密斯把这个男婴带到他的儿童发展课上，当时这个孩子才出生三天。在他的授课过程中，为了强调他的观点，他用红色和蓝色的粉笔在婴儿身上做了记号。奈史密斯在把婴儿带回家给他的母亲之前忘了洗掉粉笔标记，莫德坚决地说："我再也不会把宝宝借给这种讲座、研究和实验。"

奈史密斯总是对学习更多知识、做更多事情感兴趣，他总是努力跟上世界变化的步伐，并为等待他的下一个挑战做好准备。欧洲正在酝酿一场战争，这让奈史密斯非常担心。几年前，当他从麦吉尔大学的神学院毕业时，他没有被任命为牧师，因为他决定去斯普林菲尔德的基督教青年会培训学校，而不是追求牧师职位。现在，在1916年，当他54岁的时候，他终于被授予圣职。

他接受圣职的主要原因是为了获得在美国军队中担任牧师的资格，尽管他是加拿大公民。他加入了堪萨斯州国民警卫队，被任命为牧师，并被授予上尉军衔。

除了欧洲局势的恶化之外，美国和墨西哥的边境地区也是危机四伏。潘乔·维拉（Pancho Villa）正在领导一场革命，这也即将吸引奈史密斯的全部注意力。

第八章 革命的呼唤

潘乔·维拉是墨西哥穷人的英雄，他在 1915 年试图成为该国的总统时，曾指望得到美国的支持。当美国政府承认新墨西哥政府时，维拉大失所望。他对美国进行了报复，带领他的部队发动突袭，在边境地区杀害了许多美国人。

出于对这一地区美国人安全的担忧，威尔逊总统下令美国军队在有“黑杰克”之称的约翰·J. 潘兴（John J. “Black Jack” Pershing）将军的指挥下，前往得克萨斯州和新墨西哥州，在那里他们开始巡逻边境。美军的到来确实暂时阻止了维拉对美国领土的袭击，但他继续杀害进入墨西哥的美国人，包括来自得克萨斯州的 17 名采矿工程师，他们被墨西哥政府邀请在墨西哥重新开矿。

两个月后，维拉和 500 名士兵袭击了位于新墨西哥州哥伦布的美国骑兵营，杀死了 14 名美国士兵和 10 名平民。维拉现在已经引起了美国政府的注意。威尔逊总统召集了15 000名民兵，并命令他们驻扎在美国与墨西哥的边境。他还授权潘兴率领一支远征军进入墨西哥，抓捕维拉。

当潘兴的部队在墨西哥时，包括堪萨斯州在内的几个州的国民警卫队被派去保卫边境。1916年6月20日，詹姆斯·奈史密斯上尉收到堪萨斯州国民警卫队副司令的电报："6月23日星期五前往莱利堡报到动员。对你的命令已经下达。"

奈史密斯没有等到23日动身；他立即离开劳伦斯，向西前往莱利堡。事实上，他走得太过匆忙，甚至都忘记戴上他的假牙，不得不写信回家让他的妻子或女儿尽快送来。不到两周时间，奈史密斯和第一团的其他成员就坐上了火车，向南驶向得克萨斯和墨西哥的边境。

看着他匆忙离开，莫德·奈史密斯和孩子们都很难过。这个家庭已经处于危机之中，因为大女儿玛格丽特在堪萨斯大学只完成了两年的教育，就与乔治·斯坦利（George Stanley）私奔并结婚。父亲走后，二女儿海伦帮助母亲照顾年幼的孩子，并辍学一年。

奈史密斯离开后，他的大儿子杰克决定追随父亲的脚步，成为一名军人。这个15岁的男孩离开劳伦斯，到达堪萨斯州的圣玛丽小镇，他在那里停留了一夜，在一个公园里睡觉。结果就在这天晚上，圣玛丽州立银行被炸毁，一个小偷带着

2400美元逃走了。警察在公园里逮捕了杰克，认为他可能是罪犯，并把他关在那里审问了几个小时，直到一位家里的朋友能够指认他并让他获释。

当奈史密斯上尉到达他被分配到的得克萨斯州伊格尔帕斯（Eagle Pass）时，他对这里的一切一无所知，伊格尔帕斯位于里奥格兰德河沿岸，与墨西哥的彼德拉斯内格拉斯（Piedras Negras）镇隔着边界，他立即投入工作。在7月12日给家中妻子最早的一封信中，他描述了他正在做的事情以及他是如何适应军队生活的。“我感觉自己像一只战斗的公鸡，感觉更自在。我的大部分时间都在与那些已成家并想回家的年轻人交谈。我正在给他们家乡的人写信，让他们照顾好他们的妻子……我正在努力并愉快地完成我的工作，我希望你们再多看几天光明的一面，太阳很快就会从云层后面出来了。告诉我如何让那些处境比我更糟糕的可怜人振作起来……让你担心，我很伤心。”

在几周后的另一封信中，奈史密斯描述了他与另一名士兵进行的一次咨询。“我正在学习一些关于军队生活和普通生活的知识。我昨晚读了一个年轻人的信，是他妻子写的。她指责他有一个小墨西哥人，这让这个可怜孩子的心快要碎了。他几乎哭了一整晚。这是一封来自年轻妻子的信，目前的处境她以前从来没有经历过，她写了她和许多其他女孩在这种时候的感受。我告诉他，在信还没有离开她的家乡时，她就已经后悔了。”

刚上任几周，奈史密斯就知道他最大的挑战将是让士兵远离军营周围的卖淫场所，并想出其他的娱乐方式，让他们在空闲时间里有事可做、心满意足。这些挑战将伴随着奈史密斯在墨西哥边境的时光，甚至在他出国后，在法国待的近两年时间。

一些阻力来自军队同僚，这让奈史密斯有些吃惊。7 月 30 日，奈史密斯在给莫德的信中写道：“我们成功地在妓院还没开张之前就关闭了它。我一点也不指望他们不会再犯，但他们会小心。

“目前的情绪对我们有利，但有一段时间看起来很黑暗。那四位医生追着我，试图说服我最好的办法是拥有执照和监督地区。我这样对他们说：如果在这里有必要，在堪萨斯大学也有必要，如果我发现这是最好的方式，我必须争取在堪萨斯州的每个城镇都建立一个，并在堪萨斯大学建立一个好的。这让这个问题有了一点改观。在我看来，他们在认真对待这个问题，但他们是从一个非常狭隘的角度来看待这个问题的。”

奈史密斯是正确的，那些支持卖淫的人是不会放弃的。在四天之内，他给家里写信说，又有两三家试图开张，而上校已经命令他与民政部门会面，让他们关门。“市长是那种没有骨气的家伙，不想做任何会妨碍他政治抱负的事情。一些正规军正在充当有色人种妇女的监护人，除非我们把房子清理干净，否则正规军和民兵之间可能会有麻烦。我正在了解一些人的卑劣和另一些人的善良。”

奈史密斯个人又吸取了一个教训。他在发工资日离开了营地，当时附近没有任何银行，士兵都是用现金进行交易。原本应该为奈史密斯保管钱的副官却把钱花掉了。当奈史密斯问及此事时，该士兵编造了一个故事，说钱被偷了。当奈史密斯发现真相时，他并没有要求拿回他的钱。其他军官想让他起诉，但奈史密斯的态度是：“他没有钱，让他担心又有什么用？”

奈史密斯想让妓院关闭的次要原因是，不想士兵们因为这个而失去金钱。他不希望其他士兵经历与他没钱时一样的痛苦。

他在一封家信中写道：“你明白我为什么要发起这场反对卖淫的战斗。我对事情进展得如此顺利感到惊讶，我很担心这只是暴风雨来临前的宁静。金钱是这种罪恶的根源。卖淫是由那些从中赚钱的人滋生和助长的。

“有几个小伙子已经丢了他们的钱。几分钟前，一个小伙子进来，告诉我他的钱包被拿走了。人们会为了钱财出卖自己的灵魂，以及别人的灵魂和身体。我想给你和孩子们很多，但不会像他们那样的。也许上帝不希望我们拥有太多，因为这可能会宠坏孩子们。”

除了试图关闭卖淫场所外，奈史密斯开始向军队士兵发表演讲强调如何预防性传播疾病。为了这些人培养其他兴趣，他再一次想到了篮球。

他布置了一个室外球场，这种球场他以前只在堪萨斯大学的体育课上使用过。设置了两个球门，相距 50 英尺。与室内比赛最大的区别是，球场呈椭圆形，球门在边缘内侧；因此，如果射门没有打中，球仍有可能在界内，并在比赛中，而不是弹出界外，迫使球员跑去捡球——这是一个有用的系统，因为没有墙挡住球。

在伊格尔帕斯营地的部队中组建了九支篮球队，并制定了比赛时间表。这项运动如奈史密斯所愿，创造了另一项活动，让士兵们忙得不可开交。

士兵们还组建了棒球队，经常进行比赛，包括在周日进行的比赛。奈史密斯在 8 月 13 日的另一封家信中对此进行了评论："我坚持我一直以来所说的，只要不收费，而且孩子们又能玩得开心，我绝对不会反对他们在周日比赛。你记得我建议，当立法机构在讨论这个问题时……如果家里有人反对这种在星期天打棒球的行为，就对他们说，这是一项健康的运动，比闲逛要好。没有花钱使它成为任何东西，而仅仅是娱乐。我在球场上尽心尽力，虽然我想让所有的人都读《圣经》，但我希望他们成为善良、正派和强壮的好男人。"

当堪萨斯民兵和其他国民警卫队在美墨边境巡逻时，潘兴的部队不情愿地放弃了对维拉的搜寻，回到了陆军基地。由于专职士兵现在能够在边境巡逻，国民警卫队被允许返回家园。

1916 年 10 月 30 日，奈史密斯在莱利堡退伍，回到了劳伦斯。然而，他对军队的服务并没有结束。第一次世界大战在欧洲的进展使美国越来越有可能很快被卷入这场战争。1917 年 4 月 6 日，最终还是发生了，美国国会通过了一项对德国宣战的决议。

然而，直到几个月后，美军才正式加入在法国的战斗。潘兴将军发现大多数新兵都没有受过训练，他经受住了英国和法国政府的压力，不愿意将这些士兵送到前线，直到他们有了更充分的准备。

奈史密斯为墨西哥边境士兵所做的事情受到了基督教青年会官员的关注。基督教青年会的一份出版物指出："作为墨西哥边境的一名随军牧师，奈史密斯博士几乎是单枪匹马地与营地附近的恶习和社区官员进行斗争，直到他获胜……他在这一过程中表现出了他早年间与东部球队打橄榄球时如同斗牛犬一般顽强的意志。"

奈史密斯被任命为牧师，因此他可以加入国民警卫队并担任牧师，但尽管他已经在美国生活和工作了 27 年，他仍然不是美国公民。这使得他无法加入军队，而他想做的事情是表明他对这个给予他很多帮助的国家的支持。因此，他办理了正式成为美国公民的手续，他在 1917 年正式成为美国公民。

同时，军队官员意识到奈史密斯和其他牧师在墨西哥边境冲突期间所做的工作，他们知道在欧洲战争期间，类似的工作是和士兵的福利同样重要的事情。国家战争工作委员会的官员请求奈史密斯加入他们指导美国士兵的工作，尽管朋友们建议他在 56 岁时，有权留在家里陪伴妻子和孩子，但他还是很快就同意了。年龄对奈史密斯来说不是问题，他觉得自己接受过这种工作的训练，他只是在履行对他的居留国的责任和义务。

奈史密斯在 1917 年 6 月被任命担任这一职务。他作为小组讲师之一，他们的工作是去往美国各地，在陆军和海军训练营开展活动，以加强士兵的道德品质。他帮助编写了关于性教育的小册子、书籍、海报、卡片、展览品、幻灯片和电影，作为讲座的一部分。

第一次任务奈史密斯回到得克萨斯州，然后又去了亚利桑那州和新墨西哥州。他尽可能多地给家里写信，描述他的日常活动，任何人都可以看出他是多么享受这份工作。他相信他正在对年轻士兵的生活产生影响。奈史密斯在 1917 年 6 月 20 日的信中写道："我见到的军队中的年轻人越多，就越确信他们就像我们自己的小孩一样，他们想做正确的事情，但当其他人都在做其他事情时，想要做正确的事情是很难的。政府做了一件伟大的事情，让城市变得干净，让小伙子们有机会成为好人。”

当他在亚利桑那州的道格拉斯（Douglass）停留时，他更加沮丧，他去了一个警察法庭，得知前一天晚上有 50 名妇女被捕。他写道：“然后我昨晚见了这个地方的一些市议会议员，并让他们开始清理。对于这样一个小地方来说，这个城市是我所见过的最糟糕的地狱之一。”

在 7 月 4 日的一封信中，当他在新墨西哥州的阿尔伯克基时，奈史密斯给他的妻子写道：“我不知道我在这里做了多少好事，但这对我来说是特别棒的经历。自从离开劳伦斯后，我已经与大约 10 000 名士兵交谈过，而且你应该看看他们坐着听的样子。我知道我正在告诉他们一些他们从未考虑过的事情，并且我能够改变他们对许多事情的看法。在一些人群中，我问有多少人愿意参加这场反对卖淫和性病战斗，以及其他战争，每个在场的人，几乎都投票赞成保持自己的正派，回家后成为一个真正的男人。哦！看到这些小伙子们支持这样的提议，真是太好了……

“我与牧师交谈——让他们从高高在上的马背上下来，从实际角度看问题——然后与商人交谈，向他们指出他们的想法中的错误之处——与法官和官员交谈，从生物学和生理学角度纠正他们的错误。我觉得我适合这项工作。”

一位来听奈史密斯讲座的中士说：“他想给我拍动态的画面，因为我特别认真……他说这将成为一部精彩的空拳攻防练习电影。我告诉一群一直在看拳击比赛的人，我觉得自己足够好，可以和他们的冠军打一场比赛……你不知道当我把第一拳打到我张开的手上时，你可以在一个街区外听到声音，这给我留下了多么深刻的印象。对我来说，了解拳击和其他一些运动是一个很大的优势。”

短暂地回家探亲后，奈史密斯再次离开，前往加利福尼亚的军营，然后回到得克萨斯州。在家期间，他看到了他的第一个外孙女——玛格丽特生的一个女孩。他在 8 月 25 日的一封信中回顾了这次回家之旅，当时他回到了圣安东尼奥：“我确实很享受我的回家之旅，最愉快的回忆之一是看到你，小佩吉躺在你的胸前，就像她母亲二十多年前那样。上帝让你成为一位母亲。无论你是否愿意，你都是一位伟大的母亲。你的母亲精神将世世代代流传下去……母爱比任何其他的爱都伟大，因为它是纯粹无私的……这激起了我的斗志，让我做一些重要的事情，这样我才可能配得上我的老伴。”

美国在欧洲的战争已经持续了两个多月，每天都有更多的军队——许多是奈史密斯所辅导的士兵——被送到前线。基督教青年会和国家战争工作委员会越来越关注在法国作战的士兵需要像奈史密斯这样的服务。青年会领导人之一埃克斯纳

（Exner）博士向奈史密斯询问他是否有兴趣去法国，他得到了肯定的答复。

埃克斯纳在给奈史密斯的信中写道："我们可能不得不随时召唤你，如果你去，那将是在战争期间，作为在那里工作的杰出领导人。这是我们最具战略意义的任务，因为如果我们不处理那里的情况，我们在这边的成就将在那边化为乌有。"

9月7日，奈史密斯给他的妻子发了一封电报，说他将在第二天回家。这是一次短暂的探亲和又一次告别。四天后，他坐上了开往纽约的火车，在不到两周的时间里，他坐上了开往法国的运输船，准备贡献一份力量，帮助美国在第一次世界大战中取得胜利。

第九章 一场激烈的战争

1917 年，乘坐军舰跨越大西洋的旅程在任何一种情况下，都不会是一段愉快的经历，尤其是在世界大战期间，这更加危险。德国潜艇在大西洋海域巡逻，德国领导人还发誓将击沉任何运送美国士兵前往法国作战的运输船。在德国人看来，基督教青年会的工作人员与美国士兵并无二致。

奈史密斯在启程法国之前，在纽约给他的妻子寄了一封信。“我们可能会在周日启航，需要大约 13 天的时间跨越大西洋，所以在我出发后的四个星期内，你不必期待我的任何信件，但在那之后直到我回来，你会经常收到信的。邮件会在我到达法国几天后也将到达，我会写一封信，这样的话如果遇到船我们可以交换信件。”

在离开之前，奈史密斯再次写信给他的妻子：“我们马上要离开码头了，但我们可能会在某个地方停靠一天，这样所有的德国 U 型潜艇就无法跟踪了。”

虽然奈史密斯可能对横跨海洋航行的安全有所疑虑，但他毫不怀疑他被派往法国的原因。他被安排负责美军的公共卫生工作，他被明确告知军队对他的期望。他在给妻子的一封信中说：“这是一份重要的工作。仔细检查营地使之文明正派，让孩子们可以安心去战斗。而且还要给士兵们传达正确的精神。这包括两件事——教育这些人，并消除营地和附近的罪恶。埃克斯纳博士告诉我，潘兴非常希望我能完成这件事，他可能会提供帮助。

“我在没有指示的情况下，找出最好的办法，然后付诸实践……这不是很容易的事，特别是面对老观念的士兵，在理想完全不同的法国。我是唯一一个做这种工作的人，但一旦它发展起来，我们就会需要人手，埃克斯纳博士会派其他人来帮助我。责任是巨大的，但我要坚定地去做。我真希望你和家人都能为我祈祷，因为我从来没有像现在这样需要你们的帮助。”

他在另一封信中补充说，他认为他的法国之行符合自己的座右铭：“让这个世界因为我的存在而变得更好。”

与所有出征的士兵一样，奈史密斯真的不知道自己会离开多久。他的妻子和孩子们也不知道。甚至玛格丽特已经结婚，莫德仍要独自照顾四个孩子，这不是一件容易的事，但每当战争爆发时，士兵的妻子就会面临这样的情况。

海水波涛汹涌，奈史密斯向他的妻子写信说，他已经晕船了。他说："我不是你们所说的生病，但对我来说饭菜真的不好吃。我走路摇摇晃晃，但我的第一顿早餐只有一杯水，因为在服务员为我准备食物之前，我已经消失躺在铺位上。

"我正在阅览室里写作。这是一个美丽的地方，但我担心你不会喜欢它，因为有一种悸动和颤抖打破了我的胃肠平衡，即便如此，我还是匆匆退到我的床铺上，让身体自己调整。"

当奈史密斯还没有从晕船中恢复时，他把时间花在学习法语上，试图尽快地学习尽可能多的东西。他告诉妻子："当我和一群法国人一起住在大学里时，我本可以不用多努力就能学会这门语言。我领悟到自己本可能做以及本该做的事情。"

奈史密斯安全抵达了巴黎，但他发现那里完全不是游客的天堂。夜晚的灯光昏暗。食物的价格都很高，某些食物定量配给或无法供应。空袭十分普遍，大多数居民甚至在空袭中睡觉。在巴黎以外的农村地区，生活条件甚至更糟。

他在巴黎只待了四天，就经历了第一次空袭警报，德国轰炸机袭击了这座城市。"我是被大厅里匆忙的脚步声惊醒的……但我们不知道这意味着什么，"奈史密斯写道，"我们走到大厅里……一些年长的居民匆匆忙忙地走下楼梯，一些人则往上走。我们发现，那些下楼的人在寻找避难点，而那些上楼的人在寻求冒险和满足他们的好奇心。很容易想象，一个新来的人会选择往哪走。我们在直布罗陀酒店找到了一个有利位置，从那里我们可以看到飞机的灯光，听到螺旋桨的轰鸣声。”

更多的突袭接踵而至，奈史密斯通常会花很多时间注意法国公民的反应，他同样要确保自己不在射程之内，也不被飞落的弹片击中。他写道：“观察人们的心理非常有趣。你会听到不远处有炸弹落下的声音，你知道很可能有一些人被炸死，也许有很多人受伤，但唯一的感觉是好奇。我试图分析那种没有恐惧感的心态，因为在所有的时间里，我只看到极少数人真正感到害怕。似乎人们已经估计有十万分之一受伤的风险，但他们也愿意冒这个险。”

奈史密斯的总部在巴黎，但在他在法国的 19 个月里，他通常只是在任务的间隔期在那里。他大部分时间都在前线附近的军营中，与士兵们直接交谈帮助他们。特别是在前线，那里的卫生条件十分糟糕，士兵经常几个星期不能淋浴或洗澡。当气温还没降到冰点时，士兵们住在泥泞的战壕里。疾病肆虐，许多士兵感染了伤寒。奈史密斯经历着与士兵们同样恶劣的条件——烂泥和污秽以及漫长而寒冷的夜晚。他还有责任尽量不受残酷环境的影响，因为他在那里是为了提升部队的士气。

在他的家信中，他时常不会提及那些难以忍受的生活环境，一来是因为他不想让家人担心，二是因为他的信通常要接受审查员的控制。出于这个原因，他不被允许在信中提及他的写信地点，他也不愿意告诉他的妻子和家人他是多么爱他们。他说："我不能告诉你，我们在这里的工作；我甚至不能向埃克斯纳博士提供这些信息。虽然这会妨碍我们之间合作，但军法必须遵守。我在这边非常繁忙，根本没有时间感到寂寞，但你不用担心你被遗忘了，因为你是我的灵感和守护神。"

奈史密斯还面临着其他挑战，就像语言障碍。他在1917年10月12日的一封信中写道："前几天我和一个旅馆老板之间发生了一件有趣的事情。我想为自己和德马雷斯特（Demarest）开两个房间，我知道'自己'这个单词怎么说，但我想不出'朋友'这个词是什么，当我说'我的朋友'时，她说'哦，哦'并指着自己。最后我告诉她，我哥哥想要一个房间，这产生了预期的效果。在那之后，我对在陌生国家的陌生人有了更多的同情心……当地人说话的速度非常快，并且连着词说，我不理解他们在说什么，当我不理解的时候，他们就加快了办事的速度。我现在完全理解当我说话而你听不到时你的感受了。"

一个月后，奈史密斯寄给住在堪萨斯州文兰（Vinland）的朋友弗雷德·威尔斯（Fred Wills）一封信，在信中他再次描述了他在法语方面遇到的困难。他写道："我在这里最怀念的是和小孩一起，我的法语说得不够好，不能和这里的任何一个小家伙说话，而且自从离开纽约后，我还没有遇到一个会说美国话的孩子。告诉孩子们，我经常想到他们坐在唱诗班的座位上或前排，我可以看到他们的脸在看着我……告诉他们应该多么感激他们生活在美国，并且每当我看到孩子们穿着木鞋跑来跑去时，我就想他们穿这种运动鞋不会很开心。在鹅卵石路面上，你可以听到他们在一个街区外跑步时的声音。所有 5 至 13 岁的男孩都穿着短裤和低筒袜，他们赤裸的膝盖让我不寒而栗……但他们的举止似乎非常像我们的孩子。”

奈史密斯习惯了例行事务，给士兵讲课，跟他们谈话，组织士兵小组在他不在的时候帮助其他人，分发他认为对士兵有帮助的文学作品和其他出版物。正如他在墨西哥边境服役期间的情况一样，他主要关注的是关闭卖淫场所，或者至少是阻止美国士兵去那里。他还试图再次利用体育运动来转移注意力，这种策略时常奏效。拳击比赛在其中尤其受到士兵的喜欢。

奈史密斯写道：“两周前，我来到一个港口城市，当时军队正在赶来。第一天晚上有一个大型拳击比赛，在比赛间隙，我走进拳击场，与小伙子们交谈了大约 20 分钟，向他们展示了男子气概……之后我在观看拳击比赛时，突然有个水手被人打了一两下，他变得异常吵闹，人们都没办法把他送回船上。我走过去和他握了握手。我开始和他说话，鼓励他，拉着他的手……我将他带出了大楼，朝他的船的方向走去。然后他又跑回去说了几句话，我不得不和他多走了一段路，向他道了晚安；然后他的朋友们开始感谢我，他也对我表示了感谢，我不得不和他再走一段路。我最后看向他时，他正走到他的船上，扭过头来和我告别。”

奈史密斯后来回忆说，尽管他从未担任过牧师，但他最接近布道的时候是在法国的两年，以一种间接的方式。太多的士兵进入他们基地附近的一个法国村庄，这给他们带来了麻烦。奈史密斯和他的同事们决定在营地入口附近设立一个拳击场。“我们会在小伙子们开始‘休假’的时候开始一场热闹的比赛，”奈史密斯说，“他们会停下来观看，然后会恳求参加，接下来他们就知道是时候回到宿舍了。有奖竞赛可能听起来像是奇怪的布道，但这确实起效了。”

奈史密斯是以牺牲自己的身体健康为代价来完成工作的。他在 1918 年 1 月 16 日的一封信中承认，在他抵达法国大约四个月后，他已经瘦了 28 磅。但他坚持说，他感觉“自己身体健康、战斗力十足”，这无疑是为了不让他的家人为他和他所经历的事情担心。

其中一种情况是极度寒冷的天气，这就是为什么他很高兴收到女儿们为他编织的一双新的羊毛袜。海伦·奈史密斯写道：“我们都为他编织东西，并尽可能多地给他寄去包裹。在收到为他织的一双袜子后，他回信说想知道哪只脚更长，因为一只袜子比另一只足足长了一英寸半。”

收到这个包裹让奈史密斯的脸上绽放了笑容，他也很高兴在基督教青年会培训学校遇见了前老板古利克博士和他的妻子，当时他们到达巴黎进行访问并看望基督教青年会的工作人员。另一个鼓励来自一个长岛人，他寄来了一包烟草和糖果分发给一群士兵。奈史密斯写道："我把糖果和烟草带回营地，放在一张桌子上，让他们选择烟草或糖果，糖果是我们的首要选择。"

不论是奈史密斯自己，或者在任何读过他家信的人的脑海中都不会怀疑他正处于战争之中。当巴黎的一家军工厂发生爆炸时，他亲眼看到了结果。他在 1918 年 2 月 15 日给莫德的信中谈到了爆炸后的情况：

"我整个下午都在医院里帮忙照顾伤员。约翰逊（Johnson）先生和我坐在离爆炸地点约 5 英里的地方吃晚饭，餐厅的门被炸坏了……沿街的一些窗户也被炸碎了。我们认为这是一次白天的突袭。南边天空出现了一朵巨大的云。

"我和麦科迪（McCurdy）以及洛德（Lord）医生一起坐车出发，看看我们是否能提供一些帮助，但能找到的伤员都被抬进了医院，所以我们前往一家医院开始为伤员们包扎伤口。这些伤口主要是头皮伤或是被碎玻璃和落下的木头划伤。我们一直工作到傍晚 6 点才结束。城市中靠近工厂的区域被破坏得很严重，窗户被砸碎，屋顶被炸毁。我不敢相信工厂里的人有可能逃脱。巨大的冲击足以将他们抛向四面八方。”

时间来到 1918 年 3 月，德军开始对巴黎进行更猛烈的攻击。大炮从闻所未闻的 75 英里远的地方向这座城市发射导弹，几乎无法进行防御。这些绰号为“大贝尔塔”的火炮（榴炮弹）是德国人占领巴黎和赢得战争的最后希望。

奈史密斯知道他的妻子和孩子会担心他，所以在另一封信中，他试图向他们保证他自己的安全，尽管在他的周围，战争正在激烈地进行：

他写道：“当你读到这封信的时候，我们正在遭受轰炸，每 20 分钟就有大炮弹落入巴黎。它们产生了可怕的爆炸，到处都是一片狼藉。但这里并没有恐慌的迹象。我不知道这些东西是从哪里来的，报纸上说是从 75 英里以外来的，但这似乎是不可能的……我看不出轰炸巴黎有什么好处但大规模强攻仍在继续。

“现在内尔（他对海伦的昵称），不要让你的母亲为我担心，因为我们和你在家里一样安全，不要计较和在乎一时的小麻烦。我们绝不会鲁莽行事。我觉得非常安全，因为我知道正义必然会成功，而且我们都得到很好的照顾。”

毫无疑问，莫德还是继续担心她的丈夫，为了确定他仍然活着，她给巴黎发了一封电报。奈史密斯回电说，是的，他还活着，并在后面写了一封信。“我已经做好了后事的安排。如果发生什么事情，虽然这种情况可能性很小，他们会立即给你发电报。你不要担心。这里并不比家里危险多少。我常想，走在街上，被出租车碾压的危险要比被炸弹或炮弹伤害的可能性更大。”

这封信写完后的第三天，1918 年 3 月 26 日，奈史密斯被现实提醒，尽管他向妻子做出了保证，但暴力和危险是真实存在的。德国人继续定期轰炸巴黎。他们在耶稣受难日对圣热维尔教堂进行了一次致命袭击，造成 156 人伤亡。

两天后，奈史密斯在另一封信中写道，战争似乎越来越接近结束，不论是以哪种方式。“战争是一件可怕的事情，但现在看来，似乎很快就会发生决定性的事情。我整年都在说，德国必须做三件事中的一件才能让她的人民满意：通过占领加来击败英国人；通过占领巴黎击败法国人；或者阻止美国越洋而来。如果她不能做到其中任何一件，在她自己的人民眼里她就被打败了。她正在加紧努力做其中的任何一件事，但却失败了……她既没有钱，也没有办法，更没有人再尝试一次。我坚信，正义终将获胜。”

整个 4 月和 5 月，德军继续向巴黎推进，他们控制了沿途的村庄和城镇。部队在最接近巴黎 37 英里处，一直在顽强抵抗直到 7 月中旬，盟军迫使德军退回马恩河对岸。

奈史密斯继续在前线和港口城市开展工作，单独与士兵们进行着交流，同时也提供关于性教育和卖淫罪恶论的讲座和会谈。他在给莫德的信中写道："无论黑皮肤还是白皮肤，人心都希望看到正确的事情发生。我告诉他们相当朴素的真理，让他们为自己的错误感到惭愧，但他们都承认其中的真理。我的职责是播下真理的种子，上帝会影响它的生长。我有时会很忧郁，虽然我的演讲主题不是很吸引人，但每当我满怀诚意地介绍它时，我时常都会得到热烈的回应。"

最让奈史密斯感到振奋的时刻是，他碰巧遇到了一位曾在堪萨斯大学学习的士兵。有几个以前的学生是 M 连的成员，当奈史密斯被派往墨西哥边境时，该连也被部署在该地区。他时常认为这个连队比陆军的其他部队要好，尤其是在体力方面。有一次，他在寒冬中徒步走了 15 英里，将一个装满报纸和家信的沉重行李袋送到堪萨斯州的士兵手中。

每当奈史密斯听说营地里有一些堪萨斯人时，他都会尽其所能地与他们见面。通常情况下，当士兵们听说他在那里时，他们也会特地走到他面前。他看到了其他大学教授的儿子，他写信回家，告诉莫德向他们的父母保证，目前他们的状态都很好，在这里也过得不错。

奈史密斯意识到，他写的大部分信在邮寄前都要经过审查员的审查，他在 5 月 30 日给莫德的信中对此开玩笑说："我已经努力遵守审查规则，但这确实看起来很奇怪，因为寄给你的信会被别人阅读。如果审查员还是不知道如何写好一封信，那也并不是因为没有足够多的范例。”

两周后的母亲节，奈史密斯利用这个机会再次表达了他对妻子的爱和钦佩，完全无视审查员是否会阅读这封信。奈史密斯不需要一个特殊的场合把自己的感情告诉妻子，但当威尔逊总统在 1914 年正式宣布 5 月的第二个星期日为母亲节时，他非常高兴，希望这将激励美国各地更多的人向妇女致敬。

奈史密斯的信说它来自“法国的某个地方”，它是写给“我自己亲爱的‘我的母亲’”。

“(你当然也是我那五个孩子的母亲——因此也是我的母亲),”奈史密斯写道，“今天是母亲节，我想告诉你，我非常感谢你对我母亲式（以及妻子式）的照顾，因为你在许多场合代替了我的母亲并弥补了我失去的母亲的空缺……在我认识你的这些年里，你的温柔和爱使生活如此充实和幸福，仿佛不可能有更多的幸福……你的母性是如此伟大……让我们的孩子拥有一个真诚、忠诚、聪明、智慧和慈爱的母亲……亲爱的，接受这个完美的钦佩和爱的不完美表达……这不仅是在母亲节，而是每一天……而且它随着时间的推移日复一日地增长……亲爱的，我希望你将在字里行间读出一种爱，字字句句，像纸的颜色一样纯洁。”

尽管奈史密斯预言战争即将结束，但实际上还有好几个月才会真正结束。然而，他并没有灰心丧气，而是尽可能地寻找简单的快乐。他在6月30日写道："今天上午我去了一个营地，在军营的食堂里举行了仪式。当时没有人领唱，所以我不得不领唱。想象一下那有多难，因为我的音乐没有任何进步。但在这里，我们会毫不犹豫地去做必要的事情。我和小伙子们聊得很开心。"

德国大贝尔塔炮对巴黎的攻击仍在继续，最终共有数百人死伤，一百万人被赶出城市，财产损失高达数百万美金，但德国人仍然无法潜入和攻占这座城市。盟军守住了，并最终迫使德军撤退。

除了面对战争的日常挑战外，奈史密斯和其他盟军发现他们正在与另一个敌人作战。一场在整个美国蔓延的流感正在流行，这也让法国和欧洲各地的士兵生病。抵达法国的美军中近40%是通过港口城市布雷斯特来的，疾病正是从那里传播开来的。当士兵们被派往法国各地时，他们身上也携带着流感毒株，这不仅感染了来自美国和其他国家的士兵，也传染给了法国的平民。

在约翰·巴里（John Barry）的《大流感》中，他描述道："10月是巴黎的流行病暴发的高峰期，有4574人死于流感或肺炎。这种疾病从未完全离开过这座城市。"持续数月，一直有人死亡。很有可能因这场大流行病而失去性命的士兵比奈史密斯在与德国人的战斗中看到的死亡人数还要多。在整个世界范围内，死于大流行病的人数确实多于在战争中死亡的人数。具有讽刺意味的是，根据巴里的看法，有大量证据表明大流感的源头是在堪萨斯。”

奈史密斯知道战争终究是会结束，他有一些机会来思考未来，以及他是否想回到堪萨斯大学。他问莫德关于这些事情有什么想法，她在 1918 年 7 月 8 日的信中做出了回答：“我希望你能完全按照自己的意愿去做。我想，在你做了这些事之后，这里的工作会显得非常局限。我正在努力厘清我们在这里的责任，所以如果有什么事情发生，你可以自由地去做你认为最好的事情。堪萨斯大学在过去几年中没有进步，相反，它已经走了相反的路。他们从未给过我们一分钱，他们欠我们的钱。你的体育馆变成了受训人员的生活区；美丽的草地被踩成了褐色，到处躺着几十个人，他们还没有领到制服，他们穿着工装服和连体服，这景色并不美好。他们不是大学生，大多是机械师。霍尼（海伦的昵称）说她很高兴在他们收到制服之前看到他们。也许过不了多久，我们的士兵就会再次踏上征程，或者说是乘船回家。”

奈史密斯回答说，他还没有对自己的未来计划作出决定。他正在正式休假，直到战争结束，他说他收到了校长的一封信，但信中“没有要求让我回来”。

除了思索自己的未来计划外，奈史密斯还在考虑战争结束后将要回家的所有军人。奈史密斯写道："我们有一项巨大的工作摆在我们面前，要让国家为小伙子们的回家做好准备。许多人回家时都变成了更成熟、更好的人。但国内的人们必须准备好社会条件，让美国成为一个更好的地方来培养下一代。"

夏去秋来，但战争仍在继续。莫德放弃了她丈夫会很快回来的期待。她在 10 月得了重病，但正如奈史密斯从未让她知道他的身体状况一样，她也没有对他说什么，他们的孩子也没有，直到她恢复了健康。那时候，他已经决定返回堪萨斯大学，"前提是他们愿意给我合适的工作。"

"那里有大量的数据，整理这些数据将是非常有价值的，"奈史密斯写信给莫德说，"我希望他们没有把我的文件弄得太乱。因为我已经为这个研究保留了很多年的信息，我可能有一些数据会用于统计工作。但我不会担心这些事情。"

幸好奈史密斯没有花时间去担心这个问题，因为当他回到堪萨斯州时，他沮丧地发现使用他办公室的军官已经扔掉了他所有的文件。

另一个更紧迫的担忧出现在 10 月初，当时他不得不离开巴黎去一个营地。他解释说："我们下午 4 点出发，驱车 50 英里来到一个营地，开了一次精彩的会议，然后又开了 50 英里回来。在路上，我们的车灯熄灭了，我们在黑暗中行驶了很长时间，特别是当我们来到一片树林时。车胎被扎破了，我们只能下车把它修好。凌晨 2 点回到了家，穿着羊皮拖鞋冻着脚，但那一晚睡得很香。”

这只是一个小插曲。那个秋天奈史密斯大部分时间都在思考，当美国士兵从战争中回国时，美国将如何对待他们。10 月 13 日，他写道：“今天早上的报纸告诉我们，德国已经接受了所有的条件，我知道这将给许多人带来欢乐，但这并不意味着一切都已解决，也不意味着我们可以立即回家，因为这可能需要几个月。事实上，在某些方面，我们的工作正是现在最需要的。

“我希望美国将准备以正确的方式照顾这些孩子。问题是她会对他们无微不至几个星期，然后把他们忘得一干二净。我有一个计划，给这些孩子们一个机会，让他们在回国后可以只靠自已的双手过上好日子，没有任何慈善或依赖的想法。我打算把这个想法说给堪萨斯州州长卡珀（Capper），他可以按自己的意愿行事。我多么希望能和你商量一下，听听你的意见；要得到你的答复，但是等待的时间实在是太长了，也许你可以在家推动一下。”

在他有机会写信告诉莫德更多关于他的计划之前，奈史密斯还有另一封信要写——庆祝活动已经在巴黎开始了；战争已经结束。1918 年 11 月 12 日，奈史密斯写信给他的儿子杰克：“这一天已经到来，但不是德国皇帝威廉二世谈及‘der Tag’

（德语，意思是“这一天”）计划的那一天，这一天也没有在外面进行的那种让他高兴的庆祝活动。当他输掉这场战争时，他和以往一样输不起，他没有足够的勇气站出来说‘我输了’，而是向荷兰寻求庇护，他纠缠、胁迫荷兰这个国家到了几乎忍无可忍的地步，我们还很难想象会有什么样的人会像他那样行事。这看起来像是另一种偏执狂的症状。

“好了，战争结束了，现在我们可以开始改变世界让它成为一个更体面的生活场所。我不知道我应该在这里待多长时间。至少要到 6 月或 7 月。我知道，如果我不马上回来，妈妈会很失望，但我希望，如果我不能马上回来，她可以过来的话当然是更好的。当然，她已经赢得了一次出国旅行。”

一天后，奈史密斯有时间给他的妻子写信，向她提供更多关于他帮助从战争中返回家园的士兵的计划。令人惊讶的是，奈史密斯概述的内容几乎和《退伍军人权利法案》的草案一致，正式名称为《军人再适应法》，该法案在 1944 年，第二次世界大战临近结束时，由美国国会通过，这也是在奈史密斯提出他的想法差不多 26 年后。

美国国会通过并由富兰克林·罗斯福总统签署成为法律的法案要求军人接受大学或职业培训，获得一年的失业补偿，并有机会获得贷款以购买房屋或开办企业。这与奈史密斯的计划相比如何？他在给莫德的信中描述了他的想法：

我对归国士兵的计划是这样的……我希望这些年轻人能够安定下来，买个房子。虽然你和我一直都在拖延……如果我们早点开始的话，我们可能会有更大的进步。我想让每个小伙子都能马上开始买房。以劳伦斯为例，比如说，有一个小伙子在离开之前已经订婚或者已经结婚，他想定居下来并在那里做干货生意。需要确保他能够获得一份工作——至少是行业的平均工资水平。可以让他自由选择想要定居的城市。让城市或一个组织为他买几块地，并把地契给他——当然，在转售上有限制。然后，他可以让住房贷款协会为他建造房屋，他将尽其所能地还清贷款。在某些情况下，他可以在两三年内不必支付任何款项，这样他就可以买些家具。或者，如果已经有他喜欢的已经建好的房子，让他能够购买。这样做的目的是让他能够立即拥有一个家。

对一个年轻人来说，最困难的部分是开始起步时。特别是如果为你的女朋友购买鲜花、糖果等的费用和弥补照顾一个人和照顾两个人费用之间的差额。婚姻的前几年是尤为关键的……这不仅对年轻人有好处，也对年轻的妻子有好处，因为她有一些必要的事情要做。

从经济的方面来看，这也是值得的，因为每个家庭都是社区的资产，如果纯粹从金钱的角度来看，这也是值得花费时间和金钱的。

我觉得这将是我们在这里为使小伙子们能够回家安居乐业而进行合理尝试的结果。社区应该尽可能地适应青年男女的天性。我相信问题的解决更多在于现在就需要做好准备，而不是事后大量说教。如果这些小伙子安顿下来，将有助于所有成长中的男孩安顿下来。

这些东西一直压在我的心里，我十分渴望看到它在国内得到推动。

在10天后的11月23日，奈史密斯写给莫德另一封信，信中关于这个话题的内容能够看出奈史密斯对这个话题投入了多少关注：

当小伙子们回到家乡时，他们将比留在家乡赚钱的人落后两年左右。因此，克服这一劣势才是公平的。他们中的许多人在这个时候已经结婚，建立家庭。他们所有人在这里的时候，都已经有了成家的想法，并且急于安定下来。

我希望看到年轻的已婚男子开始拥有一个家。对于那些已经订婚的男人，他们的爱人一直在等着他们，他们可以立即结婚。还有一些已经下定决心要定居下来的人，要为他们要选择的人准备一个家……他们期待着安家，如果他们安家，他们都将成为好公民。

但如果非要拖下去，他们就会推迟承担责任的时间并会再次踏上流浪之路，变得不负责任。或者如果太过英雄主义，他们就会不满足于安定的生活。

这是回归士兵的道德、家庭和社会生活中的一个关键时期……但似乎我的工作就是为此，所以我将尝试让国内的其他人行动起来。

尽管奈史密斯竭尽心力，但他还是未能看到他梦想的计划成为现实。如果他在战争结束后立即返回美国，而不是在法国多待几个月，情况是否会有所不同，将永远不得而知。显然，他从未找到一个有足够政治影响力的支持者，通过立法渠道推动其计划实施。

有一个人可能能够提供帮助，那就是奈史密斯的老上司古利克博士，但在古利克访问法国后，回家不久后便去世，享年53岁。朋友们后来说，古利克来到法国时已经知道自己时日无多，但还是要去法国。

可以推测的是，如果奈史密斯的《退伍军人权利法案》的前身被美国国会通过并实施，第一次世界大战退伍军人在大萧条期间遭受的许多财务问题就可以减轻或避免。而现实却是，因为没有来自政府的支持，成千上万的退伍军人在大萧条期间失去了工作和住房，并最终在 1932 年在华盛顿组织了一次游行。多达 25 000 名士兵和他们的家人在阿纳科斯蒂亚河畔的帐篷里扎营，要求政府立即提供帮助。然而政府并没有提供帮助，他们在宾夕法尼亚大道上来回游行了三天，最后胡佛总统命令由道格拉斯·麦克阿瑟（Douglas MacArthur）将军率领的现役军人驱散人群并拆除营地。

古利克的离去和奈史密斯对其退伍军人计划的失败感，并没有减少他在法国工作成功的热情。1918 年的感恩节，奈史密斯给妻子写了一封长信，详细列出了他一生中非常感谢的十件事。第七件事是“我知道我已经努力帮助世界上的人们，使他们变得更好一些，而且我试图像爱我自己一样爱我的邻居。在我过去的生活中，没有什么大事让我感到悔恨。感谢上帝和年少时母亲给我的记忆，感谢我生命中的伴侣在成年后的帮助”。

此时，奈史密斯正见证着巴黎美的回归。几个月来，他试图说服他的妻子跨过大西洋来见他。他在 12 月 6 日写道：“自停战以来，我就没有收到你的任何来信。我想你在那边一定很开心。我们在这里当然也很开心。我站在大炮上看游行队伍走过，风景很好。现在的巴黎与漆黑一片时的巴黎截然不同。现在一切都很快乐，又回到了过去的时光。”

当他接近完成基督教青年会的工作时，奈史密斯向他的妻子提出了最后一次请求，希望她来看他，他也开始计划返回堪萨斯。“我希望你能过来，”他在 2 月 22 日的信中说，“另一件事是去苏格兰，然后从那里过来……我收到一封莱姆普林（Lemplin）院长的信，询问我是否打算重返堪萨斯大学。我已经给他回了信，并将附上信的副本，这样你就会知道我的建议。我希望有足够多的预算，使我能够有效地工作，并能与苏格兰其他地区保持联系。我确实喜欢堪萨斯州，虽然它的气候不怎么样，尤其是在夏天。这个州潮湿多雾，不下雪不结冰的时候几乎每天都在下雨。”

奈史密斯收拾好办公室，开始准备回家的旅程，他回忆起在法国度过的 19 个月。他写道：“我在战场上捡到的一些德国纪念品已经被人从我的办公室里偷走了。虽然它们并不值钱，但都是我自己捡到的——特别是我在苏瓦松以南的一个战壕里发现的一顶德国头盔，海军陆战队在那里表现很棒……我有一件十分具有意义的纪念品，这是英国人在里尔战场上的一场比赛中使用的篮球，也是他们最早进行的比赛之一。英国军队正在将篮球作为其游戏之一。”

他回国时还带着一本1897年出版的书，这本书里有最早的篮球规则的法文翻译。回国时他仍记得贝洛林苑战役前线附近看到篮球架，这证明他发明的游戏是由德军火炮射程范围内的士兵进行的。他还把德国人在轰炸巴黎时发射的一小块炮弹碎片带回家。

当他离开法国时，奈史密斯收到了他的一个基督教青年会同事F. N. 西尔利（F. N. Seerley）博士的一封信：

> 我想用书面形式向你表达我在个人谈话中多次提醒你的内容，我对你的人格的高度评价，对于你对事业的绝对奉献，对于你对那些你所关注和改变的小伙子们的人文关怀，对于你深厚的个人感情和友谊，这不仅于我而言，而是对每一个与你相处过的人都是意义深远，哪怕只是萍水相逢，因为有你的每一次努力，你的耐心和协助，我们才能前往我们希望的方向。如果我们对你没有这样的信心，我们就不可能如此绝对地投身于我们的任务。如果我们没有对你的领导如此信任，我们就不可能接受你如此真诚的建议。
>
> 历史将显示你所做的一切，而我们这些与你有联系的人将共同书写这段历史。

在罗尚博号远洋客轮上，奈史密斯抽出时间感谢西尔利的信。他在回信中说：“当我回顾我在法国度过的时光时，似乎我们的工作只能帮助一部分人，但当我想到我们曾经交谈过的人数时，一定有不少人得到了帮助，可能有些人是我们以其他任何方式都无法接触到的。毕竟我们所要做的是播种，而上帝则会提供阳光和雨露使其生长。”

莫德·奈史密斯收到一封电报，她的丈夫正在回家的路上。离开巴黎两个星期后，奈史密斯踏上前往堪萨斯的火车，他的家人在那里等候他。但他们几乎没有认出他。

“当我父亲离开美国时，他的体重是 200 磅，”海伦·奈史密斯回忆说，“当他在堪萨斯城走下火车时，他只有 145 磅。法国的气候并不适合他，他在那里一直有支气管炎。我最小的弟弟（吉姆）在他离开时只有四岁，他不得不重新认识他。”

这只是奈史密斯回家后等待完成的任务之一。

第十章 回家快乐

奈史密斯很高兴能与家人团聚并远离恐怖的战争。他的体重逐渐恢复到之前一直保持的 185 磅。他又重新开始在大学里教授各种体育课。

他还恢复了周日在长老会的教学工作。战争期间，他已经放松了自己对人们在安息日应该如何行动的看法，现在他决定在一个星期天将棒球记分板与《圣经》故事结合起来。当一个问题没答对时，就被认为是一次击球未中。就像棒球一样，三振意味着你被淘汰。教会的长老们对奈史密斯这种他们认为是享乐主义的行为非常不满。于是把他从教学岗位上赶了下来。

当消息传到附近的教堂时，广受欢迎的奈史密斯发现自己作为演讲者很受欢迎，这为他创造了另一个机会，这几乎持续了他的余生。他成了一名客座牧师，不仅去劳伦斯的教堂，而且到了 60 英里以外的教堂，在教会的正式牧师不在的时候代班。对于那些负担不起全职传教士的小教会，奈史密斯成了他们的常客。他在周日早上讲道，费用为 5 美元或 10 美元。

奈史密斯每隔一个星期天去堪萨斯州的文兰，后来又在罗斯维尔（Rossville）和德利亚（Delia）的教堂讲道。因为他在大学的月薪只有 200 美元，所以额外的收入对这个家庭来说是一个很大的改善。1923 年 5 月，他给自己写了一张字条，让自己记得把从罗斯维尔和德利亚教堂得到的钱存起来，用来支付家庭在 8 月和 9 月的生活费用。

如果天气允许的话，奈史密斯乘坐火车或是萨里式游览马车前往邻近的城镇。直到 20 世纪 20 年代初，奈史密斯家才终于拥有了第一辆车——一辆二手的斯蒂旁克汽车（Studebaker），奈史密斯很不愿意学习如何开车。他的儿子杰克成为他的常用司机，直到奈史密斯最终意识到他必须学会自己开车。

那时，家里的车是一辆 T 型福特，奈史密斯不是一个好司机，他开车就像还在驾驶马车，他忘记了必须把脚放在刹车上才能停车。他认为当他站起来，拉起方向盘，大喊“吁，吁”时，车就应该停下来。这对马匹有作用。他的儿子杰克和吉姆厌倦了修理车库墙上的洞，他们在车库后面制作了一个铁栏杆，为了防止他们的父亲开车撞上墙壁。

然而，奈史密斯经常把他的车开进沟里，有一次，在堪萨斯城，他撞上一个停车标志，被一名警察拦下。“你没有看到林荫道上的停车标志吗？”警官问。据说奈史密斯回答道：“什么是林荫道停车标志？”警察放弃了，让他走了。

在一次去奈史密斯的故乡加拿大看望他的姐姐安妮和舅舅彼得的旅行中，一家人在路边露营。他们的帐篷设计成一边连接到车上，另一边可以固定在地面上。莫德在准备晚餐时发现她需要面包，奈史密斯马上自告奋勇去买一些。他跳到驾驶座上，大家还没来及阻止他，他已经把车开走了，帐篷在他车身旁上下拍打。

1922 年夏天，奈史密斯找到了除传教之外的另一份兼职工作。杰克·奈史密斯（Jack Naismith）和他的两个朋友决定在堪萨斯州查普曼（Chapman）附近的一条公路上当工人。当奈史密斯向他的儿子和朋友告别时，他说：“我希望我能和你们一起去。”杰克的一个朋友告诉他一起去，于是他就去了。

奈史密斯找到了一份驾驶马车的工作，其他工人都不知道他的真实身份。当工作结束后，他和他的儿子以及朋友们都非常开心，之后他恢复了他在大学的“常规”工作。

奈史密斯成为如此优秀的传教士的一个原因，与他作为教师受欢迎和成功的原因是相同的。他能够站在人们的立场上与他们交谈，用他们能够理解的语言沟通。他也不害怕让自己成为笑话的主题，也不害怕挑战他的学生，对任何不寻常的问题都能进行合理的讨论。

不幸的是，对奈史密斯来说，当他回到他在大学的教学和管理角色时，似乎有一个人总是在妨碍他——他以前的学生和球员福里斯特·“福格”·艾伦。

艾伦离开劳伦斯的时间比奈史密斯还长，他在 1909 年离开劳伦斯开始接受骨科培训，然后在密苏里州的沃伦斯堡（Warrensburg），也就是现在的中央密苏里州立大学执教。W. O. 汉密尔顿在 1909 年接替艾伦担任堪萨斯大学的篮球教练，但汉密尔顿在 1918–1919 赛季后就辞职，将更多时间投入到他的雪佛兰汽车交易中。

田径教练卡尔·施拉德曼（Karl Schlademan）也被学校选中接管篮球队，但学校也想聘请一名体育主管。有两种选择，艾伦或是伯特·肯尼迪（Bert Kennedy）。肯尼迪曾于 1904 年至 1910 年在堪萨斯大学执教橄榄球队。肯尼迪希望得到这份工作，并且得到了奈史密斯的支持，而他似乎是大多数校友的选择。然而，有一个重量级人物反对他——校长弗兰克·斯特朗。

只有当学校的 10 名成员组成的体育委员会在选择上陷入僵局时，斯特朗才会投票，但他让大家知道，他更喜欢艾伦。五名学生和五名教师不需要斯特朗的投票，达成了 7 比 2 的结果，艾伦获胜，艾伦最终被学校录用。

一场比赛过后，施拉德曼辞去了篮球教练职务，他决定把精力都放在田径队的工作上。由于没有时间去寻找另一位教练，在执教新生队的艾伦任命自己为篮球教练，他一直担任这个职位直到1956年。

1920年，奈史密斯仍然是体育教育系的主任，但他现在的工作是与体育主管截然不同的工作。奈史密斯在堪萨斯大学的任何校际球队中都没有正式的角色。

奈史密斯和艾伦从未公开发生过冲突，但他们之间也没有什么交集。他们的办公室位于罗宾逊体育馆的不同楼层，当男子篮球队训练时，奈史密斯从不插手。很明显，奈史密斯和艾伦有不同的工作方法，他们对工作的看法也存在差异。艾伦最广为人知的口号是他教给他球队的“为胜利而战”，而奈史密斯总是坚持说他希望他的运动员做到最好，但他们是否赢球对他来说，其实并不重要。奈史密斯经常说，体育运动应该实现三个目标：为玩耍的乐趣而玩耍，从事体育活动以帮助身体的全面发展，以及通过成为团队的一员来学习体育精神。胜利从来不是奈史密斯的目标。

奈史密斯在其1941年出版的自传中写道，他试图通过体育运动传授的经验是：“让我们都能大大方方地输掉比赛，谦恭有礼地赢得比赛。认真地接受批评和赞美，最后是随时保持赞美欣赏对手的态度。”

尽管艾伦很明显是在嫉妒奈史密斯在学生中的受欢迎程

度，但他经常告诉奈史密斯，他无法理解为什么奈史密斯要花这么多时间与学生打交道。即使在奈史密斯不上课的时候，他也经常与学生见面，并就学术和个人问题给学生提供咨询意见。学生们经常在晚上到他家来。尽管他并不富裕，但他经常把自己的东西借给学生，他说，这些学生比他更需要钱。奈史密斯从不记录现金往来，也不担心学生是否会将钱还给他。

有一件事充分说明了艾伦和奈史密斯之间的分歧。当艾伦看到他球队里的一名篮球运动员从奈史密斯的办公室里开会出来时，艾伦问奈史密斯他们在开什么会，据说奈史密斯回答说："如果他想让你知道，他就会告诉你。"

很多时候，奈史密斯会因为太忙而不能去上课，所以他经常会请他的女婿乔治·斯坦利来担任学生教员代替他。堪萨斯大学校园里流行的说法是奈史密斯"再忙也不会忘记帮助学生"。

奈史密斯是没有官方认证的院长，当遇到麻烦时，他往往是学生们第一个想到要找的人。两个学生午夜时分在波特湖游泳，其中一个潜入水下时淹死了，奈史密斯是最早被叫到现场的人之一，也是他通知了男孩的父母。

艾伦和奈史密斯之间的冲突基本上包括在体育的价值和重要性上意见的分歧。最终的问题是，校际体育活动应该以赚取利润，并让运动员们成为职业选手为基础，还是主要在于为大学生自身的发展服务。奈史密斯对这个问题有强烈的意见，最早可以追溯到 1911 年，当时他发表了关于体育界商业化的演讲。他还通过努力发展和推广所有大学生的校内比赛来证明自己的观点。

两人之间的一个分歧是关于男子篮球比赛的门票销售。到了 1920 年，比赛已经搬到了新霍赫礼堂，那里的普通入场门票售价为 35 美分，预定席位售价为 50 美分。艾伦想利用校园里对篮球的浓厚兴趣售出尽可能多的门票，而奈史密斯则认为出售门票是对学生运动员的剥削。艾伦认为，通过出售篮球票为学校带来资金，也会让大学的其他运动项目受益。

1920 年，欧内斯特·林德利（Ernest Lindley）取代弗兰克·斯特朗成为堪萨斯大学的新校长，令奈史密斯失望的是，林德利也同意艾伦的观点。林德利在上任的头几年对大学的行政人员进行了多次调整，最终，在 1924 年，他作出决定，让别人取代奈史密斯担任体育系主任。林德利任命艾伦担任这一职务，同时兼任其他职务。

认识艾伦和奈史密斯的学生和同事都在强调，两人之间的分歧始终是关于哲学的，从未成为他们个人的问题。事实上，在接下来的几年里，艾伦是陪同奈史密斯一起去加拿大钓鱼的客人。

艾伦在很多场合都尽力确保奈史密斯作为篮球的发明者在

历史上的作用永远不会被遗忘。其中一个事例是在 1920 年，艾伦发现那个赛季的篮球规则书中没有奈史密斯的照片，也没有提及他。在艾伦向出版商提出抗议后，奈史密斯的名字和照片就被列入书中。

当奈史密斯在劳伦斯时，他出席了男子比赛，但观众说他们从未看到他站起来欢呼或是鼓掌，或是给予任何情感的表示。毫无疑问，部分原因是奈史密斯反对许多即将出现在篮球运动中的规则变化。他曾告诫说：“不要离最初的比赛太远，那是最好的游戏。”

艾伦已经在建立他的王朝，到 1923 年，他的球队坐拥一群才华横溢的球员。在球队的第一位名人堂球员保罗·恩达科特（Paul Endacott）的带领下，堪萨斯大学杰鹰队在密苏里山谷联盟中取得了 16 胜 0 负的成绩，这是该联盟历史上第一个不败的纪录，而且该队被非正式地认定为美国全国冠军。该队的另一名成员是阿道夫·鲁普（Adolph Rupp），他后来成为肯塔基大学的一名传奇教练。

奈史密斯唯一一次真正参与球队是艾伦坚持要把他列入正式的球队照片中，照片中两名教练被 11 名球员紧紧包围。

1924 年，奈史密斯不得不离开体育系主任岗位时已经 62 岁了，但他并没有准备退休。他已经失去了教堂主任、篮球教练、校医以及系主任的职位。尽管如此，他仍然精力充沛，积极进取，身体状况良好，并决心尽可能长时间地保持他在大学的教学角色。很明显，他对校长的决定感到不满，但他从未谈论过这个问题，也没有表现出任何明显的痛苦迹象。相反，他更加努力地投入到他的教学任务中，将更多的时间投入到与学生的个人会面和辅导中。

奈史密斯同样也成为美国各地受欢迎的演讲者，他利用论坛提出自己对篮球、体育运动，以及宗教的看法。他经常不请自来，直到演讲时间到了才被认出。有一次，他被邀请参加在印第安纳波利斯举行的印第安纳州高中冠军赛，但警卫不让他进入体育馆，因为他们说那时太拥挤了。警察被叫来了，当奈史密斯解释时，警察要求他表明自己的身份。听到他的名字，警官说："天啊，是你啊，你怎么不早说？"

奈史密斯还去了一次爱荷华州看望他的儿子，并在莫宁塞德学院发表了演讲。在演讲之前，他看到体育馆里进行一场自由球赛，一名球员问奈史密斯是否愿意做他们的裁判。另一名球员开口说："那个老家伙从来没有看过一场篮球比赛。"那个男生当晚就在宴会上道歉了。

然而，堪萨斯大学的学生从未对奈史密斯表示过任何不敬。他们总是确信，奈史密斯会让他的课变得有趣，讨论问题时，他会重视他们的意见。

堪萨斯大学 1928 年至 1937 年的体育教授、奈史密斯的密友埃德·埃尔贝尔（Ed Elbel）博士在1973年的一次采访中告诉《堪萨斯大学日报》，“他以几乎无限的热情教授他的所有课程。他用问题挑战他的学生，这常常导致激烈的争论。当他从教室里走出来，领带歪斜，部分衬衫下摆挂在腰带上时，他的同事就知道博士上了一堂好课。”

1970年，在俄勒冈州波特兰市（Portland）的一次会议上发表的论文里，1924年至1928年在堪萨斯大学读书的亨利·申克（Henry Shenk）提供了奈史密斯在课堂上的很多趣事。申克回忆说，奈史密斯的职责之一是“每周给新生上一次必修的卫生课”：

> 在1925年春天的这个特殊时节，这堂课是在老罗宾逊体育馆的二楼教室里进行的。那天天气很暖和，挤在教室里的60名新生正在上一堂关于性病的课。窗户上的卷帘是唯一的通风来源，为了方便展示一系列的幻灯片，必须放下卷帘使房间变暗，因此房间更热了。这些幻灯片是由军队设计的，用于第一次世界大战的公共卫生计划。这些幻灯片非常可怕，展示了梅毒晚期病例，无疑是为了吓唬1917年的新兵使他们不敢冒险。
>
> 随着讲课的进行，空气变得越来越闷热。突然间，

传来一声巨响，一个男生晕倒了。奈史密斯喊道“让他躺着”，然后继续讲课。然后又是一声巨响，又有一个人晕倒了。在此期间还有两三个人晕倒了，他们被允许躺在地上。奈史密斯解释说，晕倒是人的身体让血液回到头部的方式，让头部和心脏位置一样低或更低。在很短的时间内，每个学生都恢复了，并害羞地重新坐回了椅子上。那一天，全班同学学到了两课。

申克还讲了一个故事：奈史密斯在教空翻时，学生们从跳马上跳到一堆垫子上。一个没有什么空翻经验的橄榄球运动员问道：“博士，我怎么才能落地？”博士的回答是“重力会考虑这一点”。当那个学生撞到自己的头并沮丧地揉着自己的脖子站起来时，没有人比奈史密斯笑得更厉害了。

还有一次学期末，奈史密斯在运动学课上通知，下堂课是一次野餐。其中一个学生住在镇边的一个农场，他愿意提供烤鸡作为午餐。申克说：“条件是，每个人在吃鸡肉之前，必须确定主肌肉的起止点和血液供应。自从那件事后，许多班级成员再也不喜欢鸡肉了。”

另一名学生回忆起奈史密斯的“健康和急救课程”中发生的一件事。这位学生名叫马克斯·莫克斯利（Max Moxley），他是学生报社的一名记者，他在新闻编辑部的工作常常导致他在奈史密斯的课上迟到，而这门课在演讲厅上。保罗·朗（Paul Long）在堪萨斯大学档案中收录的关于奈史密斯的故事中写道：“为了掩盖迟到的学生，他们设计了一种欺骗手段。当莫克斯利迟到，奈史密斯博士点名时，他联谊会的一些同学会替他答到。有一天，莫克斯利上课迟到，奈史密斯博士正在讲课。当马克斯进入老罗宾逊体育馆的教室时，奈史密斯博士停止了讲课，问道：‘你叫什么名字？’马克斯回答：‘我叫莫克斯利。’检查了一下名单，奈史密斯博士说：‘去坐下，你已经在这里了。’”

了解奈史密斯作息时间的人都知道，他每天回家吃午饭，然后他喜欢躺在客厅的沙发上小睡一会儿。因为不想打扰他的妻子，他开发了闹铃系统，确保他不会睡过头。埃尔贝尔说，奈史密斯会在沙发旁边放一个锡盘，伸出的手拿着他的钥匙圈和钥匙，就在盘上方。当钥匙掉进盘里时，他就会意识到自己已经完全放松了，并立刻起身走回他的办公室。

奈史密斯最大的兴趣之一是人体的发育，他经常与学生一起进行研究。他在 1924–1925 年进行的一项调查涉及各种类型烟草的使用，以及学生在什么年龄开始吸烟。正如他早先创造的一种呼吸分析器所展现的那样，他还关注酒精问题。这项研究工作一直持续到 20 世纪 30 年代。

当他担任篮球队的队医时，奈史密斯在他的医药箱中携带了一瓶白兰地。他发现，如果他稍不留意工具包，白兰地瓶中的酒就会减少。申克说："他通过给白兰地贴上 Spiritus Frumentum（拉丁语，意为"威士忌"）的标签解决了这个问题。因为小酒鬼们的拉丁语水平与他们的饥渴程度并不相称，因此他的白兰地在那之后就再没有被动过。"

离开教室后，奈史密斯对木工越来越感兴趣。一次，他利用被龙卷风刮断的树木，收集木材，为他的餐厅制作了一个坚固的黑胡桃木餐具柜。

在儿子杰克的帮助下，奈史密斯在大学附近的密西西比街为家人建造了一座新房子。父子俩又合力在同一条街上建造了另一幢较小的房子用于出租。

到达堪萨斯州后不久，奈史密斯就成了名为周六夜俱乐部的成员，这是一个由 12 名男子组成的非正式团体，他们共进晚餐，然后进行讨论。该小组最初每周聚会一次，但后来减少到每月一次。对于奈史密斯来说，这些论坛将他从大学里遇到的麻烦中解脱出来。奈史密斯或其他成员通常会为当晚的讨论选择一个主题。在奈史密斯参加会议的 20 多年里，他选择了各种不同的话题，如母亲、伐木工、政治与宗教、运动员与宗教、宗教不容忍、通过运动发展性格以及工作与娱乐。

奈史密斯曾这样评价该俱乐部："有两个事实在这个俱乐部中总是显而易见的。1. 每个成员都觉得自己能够在没有任何准备的情况下，讨论任何问题；2. 没有一个问题是被这群人一致解决的。如果一个问题总是有两面性，那么这群人总是能看到这两面，所以我想要求你去解决一个问题是徒劳的。”

在 1934 年俱乐部的一次演讲中，奈史密斯说：“28 年来，我一直在为周六夜俱乐部写文稿，几乎所有的话题的主题都是关于我认为我知道一些东西，但在晚上结束之前，我的俱乐部同伴们几乎让我相信，我对这个问题是一无所知。”

当奈史密斯把一只刚出生的小山羊带回家作为礼物送给他的儿子吉姆时，这个家庭的另外一种消遣方式也随之而来。他们给这只山羊取名为 Jazzbo，它立即向人们展示它的存在感。山羊跳到后门廊的栏杆上散步，悄悄地打翻了晒在栏杆上的牛奶瓶，将它们撞到下面的混凝土露台上。

有一天，吉姆上学时 Jazzbo 去散步，碰巧停在有轨电车的轨道上。司机按了一下车铃，但 Jazzbo 不为所动。司机走下了电车，想把 Jazzbo 赶走，但 Jazzbo 却向他冲过来。司机又爬上电车，和小羊再次对峙。最后，铃声和群众的叫喊声吸引来了警察，警察被派往学校，让吉姆把 Jazzbo 从轨道上弄走，以便恢复有轨电车通行。

奈史密斯被 Jazzbo 逗乐了，他用捆着一块抹布的棍子引导 Jazzbo 奔跑，帮助锻炼它。有一天，当奈史密斯背对着 Jazzbo 弯腰捡起抹布时，山羊冲撞了他，并把奈史密斯撞倒在地。不久之后，奈史密斯决定把山羊送回之前所在的那个挤奶工的农场。

这种消遣让奈史密斯不担心他在大学里角色的变化，但他还不得不接受另一个亲人离去的现实，他收到消息说他的姐姐安妮于 1929 年在加拿大去世。她从未结婚，成年后一直在照顾她的舅舅彼得，彼得舅舅在安妮和詹姆斯的父母去世后将他们抚养成人。三年后，奈史密斯也为他舅舅彼得的去世感到悲痛。

与美国其他地区一样，奈史密斯和家人也受到 1929 年股市崩盘后大萧条的影响。大学开始削减教职员工的工资，而奈史密斯——虽然他从来没有担心过财务问题——也拖欠了他的抵押贷款。在大学减薪和夏季收入损失的双重打击下，奈史密斯的收入减少了近 1000 美元，大约下降了 25%。

当福格·艾伦听说这一情况时，银行正准备取消房子的赎回权。艾伦找到奈史密斯并问他所听是否属实，奈史密斯承认那些都是真的。随后，艾伦询问奈史密斯是否愿意保留这套房子，奈史密斯表示愿意。艾伦去了银行，并安排让奈史密斯留在房子里。

奈史密斯决定与他的妻子和儿子杰克讨论这个情况，杰克是五个孩子中唯一一个还住在家里的。这家人认为他们并不真正需要这个大房子，所以他们将这栋楼让给了银行，他们搬进了街那头的小房子，之前他们一直把这栋房子作为出租房。

搬家并没有让奈史密斯真正担忧。一位朋友说，他在人行道上碰见了奈史密斯，当时他们家正在搬家过程中。他迈着军人的步伐，肩上扛着一把步枪，衣柜里的衣服挂在衣架上，衣架挂在步枪枪管上。

真正让奈史密斯感到沮丧的是，1933 年 3 月 31 日，包括加拿大国家业余体育联合会冠军篮球队——温尼伯耕耘者队（Winnipeg Toilers）成员在内的五人，在堪萨斯州诺伊德沙（Neodesha）附近的一次飞机失事中丧生。奈史密斯非常喜欢这支球队，并接受了邀请，在他们与美国冠军俄克拉何马州塔尔萨市（Tulsa）的一支球队在塔尔萨市进行三场表演赛之前，向球队成员发表讲话。当时这个系列赛被誉为篮球历史上的第一次国际冠军赛。奈史密斯和他的儿子杰克驱车前往塔尔萨，看着温尼伯队输给塔尔萨油人队。两天后，他在威奇托收到飞机失事的消息。球队的赞助商之一 A. C. 桑普森（A. C. Sampson）上校在这次事故中受伤。奈史密斯和他的儿子前往坠机现场，然后去了治疗伤员的医院。

奈史密斯写道："一到达医院，我就被领到桑普森上校的房间。我永远不会忘记映入眼帘的情景。这是一个经历了一场夺去数条生命的空难的人，他抬起头来，微笑着向我打招呼。

"桑普森上校和那支耕耘者队的球员所表现出的这种态度，让我永远认为那群人是我所见过的最优秀的运动员。"

具有讽刺意味的是，这起空难发生两年前，当时在约 100

英里外的堪萨斯州发生的另一起空难造成 8 人死亡，其中包括著名的圣母大学橄榄球教练克努特·洛克尼（Knute Rockne），他是奈史密斯的朋友，曾多次到奈史密斯家中做客。

这些悲剧提醒了奈史密斯，没有必要为小事、琐事担心，比如没有钱。他也从来没有因为别人不认可他在发明篮球方面的作用——甚至可能被视为不尊重——而感到担忧。他确实获得了一项荣誉，并与他的好朋友阿莫斯·阿隆佐·斯塔格和 R. 泰特·麦肯齐分享，那就是 1931 年美国健康、体育和娱乐协会颁发的体育教育研究员荣誉奖。梅布尔·李（Mable Lee）小姐在颁奖时说："奈史密斯博士对娱乐和竞技体育的社会价值有着远超其时代的见解，他放弃了他花费了数年时间准备的牧师工作，因为他看到了娱乐性体育教育对男孩和年轻人的性格塑造的巨大机会。"

1933 年秋天的一天，一个名叫约翰·麦克兰登（John McLendon）的学生走进他的办公室，奈史密斯看到了另一个为社会作出贡献的机会。

第十一章 成为指导者

约翰·麦克兰登毕业于堪萨斯城萨姆纳高中。他十分热爱篮球，并早在六年级时就决定要成为一名教练。他想去马萨诸塞州的斯普林菲尔德上大学，但又没钱去那么远的地方。麦克兰登的父亲告诉他，发明这种游戏的人就在劳伦斯教书，应该去那里向他学习。

此外，当麦克兰登的父亲把他送到堪萨斯大学时，他告诉他的儿子去找奈史密斯并向奈史密斯自我介绍：“告诉他，他将成为你的顾问。”麦克兰登找到了奈史密斯的办公室，敲了敲门，走了进去，并完全按照他父亲的嘱咐做了。奈史密斯回应说：“谁让你这么做的？”

麦克兰登回答说：“我父亲。”奈史密斯说：“父亲总是对的。”

因此，麦克兰登和奈史密斯的关系就此展开，这种关系将相伴奈史密斯的余生，并对麦克兰登未来的执教生涯的成功很有帮助。并且，还有一个细节不能忽视：麦克兰登是黑人。

堪萨斯州立法机构的一项特别法案允许教师在超过 70 岁的法定退休年龄后可以继续留在大学任教。只要自己愿意，奈史密斯就可以一直教下去，他给全校新生上的健康教育必修课仍然是学校最受欢迎的课程之一。

麦克兰登在多年后接受《纽约时报》采访时回忆起奈史密斯和该校院长之间的对话，他希望奈史密斯解释为什么有这么多学生在课堂上得到 A。据说奈史密斯说："任何来上我的课的人都应该得到一个好成绩，除非他们不听我的话。"

当麦克兰登来到堪萨斯大学时，他是学校仅有的 7 名主修体育的学生之一，也是学校总共 4000 人中仅有的 60 名黑人学生之一。"我在堪萨斯大学学习的许多疑虑很快就被奈史密斯博士打消了，他彬彬有礼地对待我，让我这个新生能够尽可能地适应环境，"麦克兰登在 1996 年告诉《纽约时报》。

奈史密斯对种族隔离有着强烈的感受，这可以追溯到他在墨西哥边境与军队一起工作的时光，以及后来在法国参加第一次世界大战。他经常与黑人士兵交谈，并谈到他是多么喜欢这种关系并从中受益。虽然奈史密斯家确实雇用了一位黑人妇女，他们称她为西尔弗斯阿姨，阿姨帮忙做家务和照顾孩子，但奈史密斯将她视为家庭成员，而不是仆人。他也不允许他的孩子不平等地对待她。

不过，麦克兰登的到来还是给奈史密斯带来了新的挑战，因为大学里有许多人对黑人，特别是黑人学生有强烈的不满情绪。

“奈史密斯博士对肤色或国籍一无所知，”麦克兰登在1979年接受《堪萨斯大学校友》杂志采访时说，“他对你的经济或宗教背景毫不在乎。他只是把每个人都看作是可造之材。他和种族主义者截然不同。”

然而，麦克兰登发现，大学里的其他老师并非都像奈史密斯一样。“我走出教室，因为老师一直都在讲有关种族歧视的笑话，”他在同一次访谈中说，“我不得不回去，因为这门课是必修课。这是我在堪萨斯大学唯一的一次成绩为C。”

还有一次，麦克兰登放弃了一门课，因为老师指责他作弊，而他知道这种指责的唯一原因是他是黑人。

当时，所有学生都必须通过游泳和水上安全课程才能毕业。黑人学生面临的问题是，因为种族隔离的规定，他们不被允许使用学校的游泳池。因此，他们自动获得了合格的成绩，而没有参加该课程。在奈史密斯的支持下，麦克兰登对此提出反对意见。

麦克兰登说：“我拒绝同意，给黑人自动打分对上课的学生不公平，而且水上安全问题，能够学会游泳和了解水上安全，实在是太重要了。”

“我拉着奈史密斯博士和我一起去找艾伦博士，我问他我们是否可以做个交易。我要求他向大家开放游泳池两周，如果期间没有问题，之后就一直对大家开放。最终，他同意了。”

在奈史密斯和艾伦都不知情的情况下，麦克兰登召集所有60名黑人学生开会，告诉他们在接下来的两个星期内不要去游泳池，他们同意这样做。当这两周没有发生大事时，艾伦也遵守承诺，让游泳池对所有学生开放。

有传言说，在麦克兰登参加并通过了规定的游泳测试后，游泳池里的水被抽干了。麦克兰登说这不是真的。他说，只抽了游泳池一半的水，他提醒官员说，如果他们完全抽干游泳池的水，然后再重新填满它，那将会花费很多时间的和精力。所以，工人们又重新将水池填满。

因为是黑人，麦克兰登在初中以及高中时不被允许打篮球，他在堪萨斯大学也没有尝试过这项运动，但他从奈史密斯那里学到了很多东西。麦克兰登向奈史密斯学习了体育教育、解剖学和运动学课程。他开玩笑说，学生们“总是试图让他转移解剖学的话题”，通常是通过询问他一个关于篮球的问题。

麦克兰登在《纽约时报》的采访中说：“奈史密斯博士教给我的东西远远超过教科书上的内容。他经常会把书本放在一边，从他的人生经历中给我们讲授生活中的课程。”

“他是一个富有创造力的老师。他会把我们班带到公路上，那是堪萨斯平原上的一长段平坦的道路。在那里，他将进行一项实验，向我们展示如何测量一个人的运动感，以及它如何成为预测身体机能的因素。他使用的方法是让我们以每小时 35 英里的速度驾驶一辆汽车，然后在我们驾驶汽车的过程中试图消除各种因素，如振动、视觉、感觉和听觉，以测试我们的动觉。据奈史密斯博士说，如果你能在蒙上眼睛、耳朵堵塞或坐在内胎里的情况下保持每小时 35 英里的车速，那么作为一名运动员，你就有很好的运动感觉。”

麦克兰登想要获得学位，必须要完成另一部分工作——学生教学任务，奈史密斯为麦克兰登提供了最大的帮助。“作为学校招收的第一个黑人体育学生，我很难在种族隔离的学校里教白人学生，所以我将被免除实践教学，”麦克兰登回忆说，“当我把我的问题告诉奈史密斯博士时，他告诉我一两天后再来，他可能会有解决办法。”

事实上，奈史密斯确实为麦克兰登想出了一个计划。尽管麦克兰登还在上大三，奈史密斯还是让他当时就开始了学生教学，而不是根据惯例等到大四。他还告诉麦克兰登，他将在小学、初中和高中阶段体验体育教学，包括种族隔离和混合班级。

奈史密斯将麦克兰登分派到林肯小学，这是一所位于劳伦斯的种族隔离学校。同时，他还告诉麦克兰登去劳伦斯初中这所混合学校教体操。那年晚些时候，他把麦克兰登调到劳伦斯高中，这是一所混合学校，但白人和黑人男子篮球队是分开的，麦克兰登将在那里担任助理篮球教练。

到了第二年，麦克兰登被任命为高中黑人队的主教练，该队赢得了堪萨斯–密苏里运动大会的冠军。在观看了麦克兰登的执教后，奈史密斯告诉他："无论你在体育教育方面做什么，都要坚持这项运动。"

麦克兰登听从了他的吩咐。"他是我生命中最重要的人，"他在谈到奈史密斯时说，"他教会了我关于篮球和体育教育的一切知识。我在执教时所做的一切，都是从他那里学来的。

"我领悟到执教哲学……他告诉我永远不要把爱和拥抱停留在黑板上。更重要的是灌输积极的思想和做出正确的引导，让你的球员知道他们的长期和短期目标，并一步一步地创建你的计划。

"他总是说，篮球的最终目标是在对手拿到球的地方进攻。无论何时何地，只要你拿到球就开始进攻。由此产生了全场紧逼和快攻。我的整个教练生涯都是围绕这一点展开的。"

1936 年毕业时，麦克兰登渴望开始全职执教，但他再一次听取了奈史密斯的建议。奈史密斯打电话给爱荷华大学的一个朋友，说他有一个潜力巨大的学生需要一份工作。奈史密斯挂断电话时，麦克兰登正在爱荷华州的研究部门工作，这样他就可以在学校继续接受教育。

麦克兰登后来确实成为教练，并且在他所选择的职业上取得了巨大的成功。在他 25 年的执教生涯中，麦克兰登的球队赢得了超过 650 场比赛，并取得了接近八成的胜率。他执教的田纳西州立大学在 1957 年、1958 年和 1959 年三次获得美国全国校际体育协会冠军。他还曾在北卡罗来纳大学、汉普顿学院、肯塔基州和克利夫兰州的大学执教。

麦克兰登成为第一个在专业篮球领域担任主教练的黑人，在美国篮球联盟的克利夫兰风笛手队工作，后来他又担任美国篮球联盟丹佛火箭队的主教练。他也是第一个被任命为美国奥林匹克篮球委员会的黑人，并在 1979 年入选奈史密斯篮球名人堂。

麦克兰登知道，如果没有奈史密斯给予他的指导和帮助，这一切都不可能发生。“他虽然十分忙碌，但他总是能找到时间来帮助学生，”麦克兰登说，“我想，因为他是我的顾问，他给予了我一点额外的帮助。他知道我对管理非常感兴趣，他会教我一些零碎的东西，关于他如何做事的见解。

“毫无疑问，如果没有奈史密斯博士作为我的顾问，我的生活就不会有今天的成就。他从不把生活看成是简单的非黑即白。他教会我的一件事是……无论你遇到什么样的问题，都不要让它打败你。即使你可能认为某些事情不公平或不公正，你也不能让它阻止你。你要试着战胜它……他的哲学是，逆境只是另一种的机会。”

对麦克兰登来说是这样，对20世纪30年代初上过堪萨斯大学的另一个学生来说同样也是如此——一个名叫格伦·坎宁安（Glenn Cunningham）的田径明星。

坎宁安7岁时，在他的家乡堪萨斯州埃尔哈特，他的双腿在一次校舍爆炸和火灾中被严重烧伤，他的兄弟也因此丧生。医生想截掉他的两条腿，医生提醒他说，即便能够保住他的腿，他也可能再也不能走路了。

坎宁安并没有听信医生的话。在医生确实挽救了他的双腿后，他一直都在努力证明他们的预言是错误的，经过一年艰难的锻炼，他又学会了走路。然后，奇迹般地，他开始跑步。他成为高中的田径明星，并将他的天赋带到了劳伦斯。

奈史密斯知道这个年轻人的经历，并被这个故事所吸引，因为他有兴趣帮助腿部有残疾和其他因受伤而失去肢体功能的人。尽管坎宁安在遇到奈史密斯之前已经完全康复，但两人花了很多时间讨论坎宁安如何证明他的医生是错误的。

当奈史密斯无意中听到坎宁安向他的一些田径队成员提供有关耐力的指导时，他忍不住给了坎宁安一个建议。坎宁安正在描述他如何在跑步时找到“第二风”。据说奈史密斯说：“你会害了那些男生的。他们没有你那样的心脏。”

当坎宁安在 1931 年带领堪萨斯大学获得六大赛区冠军时，奈史密斯成了欣喜若狂的粉丝。然而，这仅仅是坎宁安成就的开始。他在 1932 年奥运会上获得 1500 米比赛的第四名，然后在 1934 年创造了室内和室外的一英里跑世界纪录。他还在纽约举行的业余体育联合会比赛中创造了 1500 米的世界纪录。此外，他还跑出了 800 米世界纪录。

在奈史密斯出席的 1936 年柏林奥运会上，坎宁安在 1500 米比赛中获得第二名，赢得了银牌。

当然，奈史密斯来柏林还有另外一个原因，他发明的篮球运动获得至高无上的荣誉和认可，并被列入奥林匹克运动项目的名单。

第十二章 奥林匹克的骄傲

尽管早在1904年圣路易斯奥运会上就已经有了篮球比赛，但这些比赛一直被视为展览或演示，因为只有一个国家的队伍参加。在1924年巴黎奥运会和1928年阿姆斯特丹奥运会上也举办了类似的比赛。

然而，到了20世纪30年代，篮球无疑已经发展成为一项国际化的运动。这项运动在北美洲、南美洲、欧洲、亚洲和非洲大陆的20多个国家中广泛开展。

福格·艾伦曾宣传呼吁将这项运动加入1932年洛杉矶奥运会，但没有得到足够的支持来实现这一目标。之后，他开始努力争取在1936年柏林奥运会上增加这项运动，这次他成功了。

随着这项运动被列入名单，艾伦想出了另一个主意，他想让奈史密斯和他的妻子莫德作为特别荣誉嘉宾出席奥运会，这样，奈史密斯就可以为他发明的这项运动而受到世人的赞颂。艾伦把他的想法告诉了美国全国篮球教练员协会，他们支持这个计划。主要的支持者是艾伦和 A. C.“荷兰”· 朗伯格（A. C. “Dutch” Lonborg），他是堪萨斯大学以前的运动员（也是该校未来的体育主管），当时是西北大学的教练。该协会将 1936 年 2 月 9 日至 15 日这一周定为“奈史密斯周”，该计划要求在这一周内从美国任何地方售出的每张篮球比赛门票中拿出一美分。这些钱被募集到一个基金中，用于支付奈史密斯夫妇前往柏林的旅费，如果在支付旅费后还有剩余的钱，将用于创建另一种纪念形式。

虽然最初的构想是从大学和高中的比赛中筹集资金，但这项活动扩展到了包括职业比赛、教会联盟比赛、青年联盟比赛——只要有人愿意组织这项工作的地方。这项活动甚至传播到了奈史密斯的家乡加拿大，在阿尔蒙特的一场高中比赛中筹集到了 20 美元。

劳伦斯高中获得了为该基金提供第一笔捐款的荣誉，该校在 1 月下旬与堪萨斯州渥太华高中比赛时筹集了资金。有 515 名观众来到现场，在中场休息时，学校啦啦队成员铺开毯子，让球迷把零钱扔到毯子上。在整整一周的时间里学校筹集了更多的钱，报纸头条报道称已经为该基金筹集了 51.40 美元。

堪萨斯州和密苏里州的业余体育联合会球队也为该基金作

出了贡献，在堪萨斯城的圣达菲步道（Santa Fe Trails）和菲尔科（Philco）之间的一场比赛中筹集了31.34美元。一位已经搬到俄克拉何马州的堪萨斯大学毕业生罗伯特·K.约翰斯顿（Robert K. Johnston）送来了25美元的个人捐款。威奇托的独立球队Gridleys为该基金捐赠了52.58美元。毫不奇怪，单场比赛的最大捐款来自2月16日在劳伦斯举行的堪萨斯大学与堪萨斯州的比赛，当时筹集到了105.35美元。

在那场比赛之前，校长欧内斯特·林德利，这个让艾伦取代奈史密斯担任体育教育主任的人赞扬了奈史密斯，说“他的影响力比堪萨斯州任何人的影响力都要大”。

堪萨斯州的高中总共为该基金捐款550美元，在堪萨斯州筹集的总额超过1000美元，是所有州中筹集最多的。总的来说，来自43个州和加拿大的捐款，筹集金额超过了5000美元，这足以资助这次旅行。

在前往奥运会之前，奈史密斯又获得了两项荣誉。他被邀请成为丹佛业余体育联合会美国全国锦标赛的荣誉嘉宾，在那里前两名的球队将获得纽约奥运会选拔赛的入场券。奈史密斯也被邀请参加了比赛，在那里将选出代表美国参加奥运会的球队。

让奈史密斯感到高兴的是，进入美国业余体育联合会决赛的两支球队之一竟然是来自堪萨斯州麦克弗森县（McPherson）

的麦克弗森油人队（Oilers）。油人队击败了来自加利福尼亚好莱坞的环球影业队（Universal Pictures team），赢得了美国业余体育联合会锦标赛。

两支队伍都有资格参加奥运会选拔赛。当时，整个团队都有资格参加选拔赛，而不仅仅是个人。五支队伍获得了选拔赛的入场券，与他们一起参赛的还有两支美国业余体育联合会队伍和一支来自宾夕法尼亚州威尔默丁的基督教青年会队。威尔默丁队在基督教青年会美国全国锦标赛中输给了丹佛队，但后来确认丹佛队也参加了美国业余体育联合会锦标赛，因此丹佛队被取消了资格。

令奈史密斯和福格·艾伦感到失望的是，堪萨斯大学队没有成为获得选拔赛席位的五支大学球队之一。这五支球队是华盛顿大学、阿肯色大学、德保罗大学、犹他州立大学和天普大学。堪萨斯大学在常规赛中取得了 18 胜 0 负的成绩，随后击败了沃什伯恩和俄克拉何马州立大学，在堪萨斯与犹他州立大学进行了三局两胜的系列赛，以决定奥运会选拔赛的席位。堪萨斯大学杰鹰队在加时赛中以 39 比 37 赢得了第一场比赛，只需要在剩下的两场比赛中赢得一场就可以获得纽约之旅。然而，犹他州以 42 比 37 和 50 比 31 赢得了这两场比赛，赢得了参加选拔赛的资格。

这两场失败使艾伦失去了成为奥运会代表队教练的机会，

但他仍被安排担任奥林匹克篮球委员会的主任。然而，这个职位并没有持续多久。

奈史密斯和艾伦之间的意见分歧之一是关于美国业余体育联合会球队参加选拔赛的问题。虽然奈史密斯全心全意地支持他们的参与，但艾伦却不赞成这种选择，他认为只有大学球队才应该在选拔赛中获得位置。当艾伦发现他在堪萨斯城举办的美国大学生体育协会（National Collegiate Athletic Association）地区资格赛的资金被用于美国业余体育联合会时，他变得更加沮丧。他向奥委会递交了辞职信，没有前往柏林参加奥运会。

当时的规则规定，赢得选拔赛的队伍将获得美国队参加奥运会的七个名额，第二名的队伍将获得五个名额。14 人名单中的最后两名球员将从其他六支球队中选出。教练将来自获胜的球队，决赛中失败的教练将担任他的助手。

选拔赛在麦迪逊广场花园（Madison Square Garden）举行，有 12 000 名球迷到场观看第一轮比赛，这一轮的四场比赛持续了六个多小时。奈史密斯正式宣布比赛开始，他在接受采访时坦言自己非常享受。他告诉合众社（United Press）的记者："孩子们当然对我很好，"他说，"当我们为奥运会出战时，这将是我一生中最激动的时刻。当然，我在这里看到美国人第一次参加奥运会的决赛时，也是十分震撼。我比第一次看马戏团的农村少年还要高兴和兴奋。”

选拔赛采用单场淘汰制，两支美国业余体育联合会队在大学队和基督教青年会队中脱颖而出，进入决赛。麦克弗森队在两周前丹佛举行的比赛中刚刚击败了环球影业队。他们是获胜的大热门。然而，结果却让人大跌眼镜，环球队以 1 分的优势惊险获胜，获得了奥运名单上最多的名额。

奈史密斯回到劳伦斯后，对即将到来的旅行更加兴奋，如果这一切能够成真的话。奥运会被认为是世界上最伟大的体育赛事，是对业余运动员的致敬，代表着奈史密斯所珍视的理想和价值观。

尽管奈史密斯与艾伦之间存在分歧，但奈史密斯知道是艾伦领导了筹款活动，使他和莫德能够计划他们的欧洲之旅。他的朋友埃德温·埃尔贝尔（Edwin Elbel）为奈史密斯画了一幅素描，并制作了几份副本。奈史密斯把其中一张送给了艾伦，并在上面题字：“篮球之父詹姆斯·奈史密斯向篮球教练之父 F. C. 艾伦博士致以最亲切的问候”。艾伦将这幅画像装裱起来，自豪地挂在他办公室的墙上。

奈史密斯认为即将来临的旅行对他和莫德来说就像是第二次蜜月。第一次世界大战结束时，他完成了在法国的基督教青年会的工作，他曾试图说服她去那里看他，或至少来苏格兰与他见面，但她拒绝了。

奈史密斯肯定知道，他的运动被列入奥运会，才真正表明它是一项国际比赛，尽管他个人认为，从 1891 年 12 月 21 日在斯普林菲尔德举行的第一场比赛开始，它就已经赢得了这种地位。第一场比赛的选手包括四名加拿大人、三名美国人和一名英国人。此外，还有一名来自日本的学生和一名来自法国的学生。然而，将比赛展示给全世界的人看，则被视为是一个更重要的事件。

然而，在奈史密斯能够在柏林享受他的荣耀时刻之前，还有更多心痛的事情发生。就在他和莫德计划前往纽约的前几天，在他们要乘船横渡大西洋的地方，莫德的心脏病发作了。医生向奈史密斯保证，莫德会恢复健康，但医生认为这次旅行对她来说太过劳累了。奈史密斯不情愿地同意了，并决定将她带到达拉斯（Dallas），在那里她可以在他出国时由他们的女儿海伦和儿子詹姆斯照顾。

奈史密斯从达拉斯坐火车到纽约，在那里他登上了萨玛利亚号进行为期 8 天的跨洋航行，前往苏格兰的格拉斯哥，这是他欧洲之旅的第一站。正如他 19 年前第一次横跨大西洋时那样，他给莫德写信描述了他的旅行。

他写道："船上的生活十分单调，除非你感觉特别好，不然什么都不想说。昨晚我们在餐厅举行了一场歌舞表演，一位圣公会牧师开了一个关于天主教徒的玩笑，那里有很多天主教徒，然后为了把事情弄清楚，他说如果他不是圣公会教徒，他就会成为一名天主教徒，然后所有其他教派的人都对他报以嘘声。从那以后，我再也没有在甲板上或休息室看到过他，我猜他找了个洞躲起来了。我在保持沉默。我虽然可能是无趣的，但不会让自己出那种丑。”

除了写信回家外，奈史密斯在旅途中一直写日记。他在格拉斯哥时看到的最有趣的事件是灰狗赛跑。他甚至在笔记中画上了赛道的示意图，并评论说：“我不知道会发生什么，但我猜它们知道。”

在爱丁堡停留后，奈史密斯继续前往伦敦。他在 7 月 25 日给莫德写信说：“现在是星期六晚上，我已经度过了紧张的一周。今天上午我进行了一次观光旅游。今天下午我参观了英国国家博物馆、大学和基督教青年会。今天晚上我去看了一场演出，然后大摇大摆地去了一些‘酒吧’，看到了一些景象，让我比以往更想做个滴酒不沾的人，有 50 岁的妇女喝得酩酊大醉，有更年轻的女人，然后是从小唐的年龄到小海伦的年龄的儿童，还有一些人是可能是他们的父母在喝酒，他们在周围闲逛时得到一些残羹剩饭。”

奈史密斯在日记中指出，他对去伦敦基督教青年会的旅行感到失望，收获甚微。然而，这似乎并不像他即将在前往柏林的途中穿越丹麦和比利时的旅行那样让他担心。在 7 月 28 日写给莫德的信中，奈史密斯写道："我不知道当我不能告诉别人我要吃什么的时候我该如何生活，但我必须指出我想要的东西，这样我才不会挨饿。如果我不能到我的酒店，至少我可以写出这个名字，即使我不会读。一旦我到达法国，我就能顺利地生活。"

奈史密斯在他的日记中提到，他在布鲁塞尔的一家餐馆吃饭。他写道："当我点餐时，他把我送到房间的后面，我等了 15 分钟，然后不得不叫来一个服务员。这顿饭：西红柿汤、炸鳎目鱼、烤猪肉、一杯茶……19 法郎，57 生丁。"

到了 8 月 1 日，奈史密斯终于赶到了柏林，当时正值奥运会开幕式。

世界各地对奥运会的表现有很多不确定因素。五年前，在纳粹党和阿道夫·希特勒在德国上台之前，奥委会就已经选择了柏林作为主办城市。其中一个主要问题是黑人和犹太运动员将受到怎样的待遇。

在柏林，乃至整个德国，市民们将奥运会视为展示民族自豪感的机会。国家在一块 325 英亩的土地上建造了一个宏伟的新体育场，可容纳 10 万名观众。在一个灰蒙蒙的雨天，开幕式上每个座位都坐满了人，希特勒在那里欢迎 5000 名运动员并正式宣布运动会开幕。奥运会的色彩和盛况充满了整个城市，奈史密斯和其他人经常提到这一事实。

希特勒不是一个体育迷，他更喜欢听歌剧和在山上长时间散步，作为他的娱乐和放松方式。他没有被期望观看任何一次比赛。但有一天，他决定观看田径比赛，因为他以前从未见过这种比赛。他立即被吸引住了，从那天起，他尽可能多地出席奥运赛事，除非政府事务缠身。

希特勒曾希望利用奥运会来证明雅利安人种的优越性，但他不得不看着美国黑人杰西·欧文斯（Jesse Owens）在田径比赛中赢得四枚金牌，这对希特勒来说无疑是一个糟糕的时刻。然而，他利用奥运会传播纳粹力量的目标是有效的，因为他或其他政府官员几乎每天晚上都举办宴会，邀请来自竞争国的官员。据报道，奈史密斯被邀请并参加了其中的一个聚会，但他在给妻子的信或日记中从未提到过这个晚上，由此可见，纳粹的影响显然对他无效。

还有一件事同样也引起了奈史密斯的注意。他失望地得知，奥运会没有为篮球比赛的开幕安排特别仪式。更糟糕的是，最开始他被拒绝进入运动会，因为他的名字不知怎么被人从通行证名单中删除。在美国代表团的朋友和其他官员的迅速努力下，他才被允许进入。

还出现了一些其他的问题，但这些问题对美国队的教练詹姆斯·尼德尔斯（James Needles）和队员们来说更加棘手。抵达柏林后，他们了解到，他们所习惯的一些规则在奥运会上不会被遵守。例如没有三秒违例（几年前开始的一项规则，试图消除故意拖延时间现象），球队将被限制只能有7名球员，比赛将在一个用沙子、锯末和盐混合而成的户外球场进行。美国推翻了一项拟议的规则变化——禁止6英尺2英寸或更高的球员参加比赛，而美国球员中至少有6人是这个身高甚至比这个更高。

因为美国队的运动员名单有14人，因此最终决定将队伍分成两队，两队轮流比赛。

在他的家书和日记中，奈史密斯很少提及这些问题。他把注意力集中在对市民和城市的评价上：

> 妇女和女孩们都很严肃，她们不像我们那边的女孩那样笑，也不露齿。没有化妆。女孩们都知道，如果她们在街上走，就不要涂脂抹粉了。
>
> 商店非常漂亮，橱窗里的展品也很美丽。不同制服的数量非常多，不同级别的军服都有。有一群男孩说英语，非常有礼貌。他们似乎并不期望得到小费，所有人都非常友善……女孩组成的乐队在街上游行，演唱她们自己的歌曲。大多数街头音乐都有摇摆曲，这种感觉真的恰到好处。
>
> 在体育场内有一个约30英尺高的塔是用来拍摄的。赛道和跳台都布置得非常漂亮，每个细节都处理

得非常精致。男人进去坐好，妻子紧随其后。男人在餐厅坐下，女人也坐在自己的座位上。

当官员们意识到没有特别的计划来纪念奈史密斯之后，在比赛开始之前，为参加篮球比赛的国家安排了一个特别的奥运会开幕式。8 月 7 日，奈史密斯自豪地站在那里，代表 21 个国家的球队成员从他身边走过，篮球是柏林奥运会最多国家参加的团体项目。原本有 22 个国家参加篮球比赛，但西班牙队在该国爆发内战后被召回。奈史密斯在演讲中对各队的问候表示感谢。

奈史密斯后来承认，当他受到每个外国代表团的欢呼欢迎时，他热泪盈眶。他回忆说，这是他一生中最伟大的时刻，也正是在那时，他更准确地认识到他在 45 年前发明的篮球运动对于世界的意义。

他的女儿海伦写道："当他看着那些穿着队服的男运动员们，每支队伍都举着本国的旗帜，在检阅台前停下来，为他欢呼时，他内心充满自豪，眼泪夺眶而出。"

从他在神学院开始，当奈史密斯意识到他的人生目标就是"让世界因为我的存在而变得更好"时，他所有的努力都是为了实现这个目标。站在那些来自世界各地的奥运会篮球运动员面前，他意识到他的目标已经随着这项运动的发明而实现。

海伦写道："但当面前的队伍越走越近时，他眨了几次眼睛。这些男运动员的身材和肤色都不一样。他们甚至不说同一种语言，但他们都有一个共同点——篮球，这是他的游戏。"

让奈史密斯眼前一亮的一个事实是，竞争国的教练组包括17名基督教青年会培训学校（当时称为国际基督教青年会学院）的毕业生，他们在去这些国家时都带着他发明的篮球。

奈史密斯有幸在爱沙尼亚和法国的揭幕战中抛出了第一个球。海伦写道："他走回自己的座位，低头坐了一会儿。他知道了'我的福杯满溢'的含义（这句话表示对上帝的赞美和感恩之情）。他知道在这一刻，很久之前的祈祷确实得到了回应，他给世界带来了一些东西，这些东西将使所有国家更紧密地联系在一起，让世界变得更好了。"

奈史密斯知道这一切都是真的。第一轮随机抽签的结果是中国和日本被分配到同一组，这两个国家完全了解彼此在政治上的分歧，但比赛在没有任何争议的情况下进行。

美国队以2比0赢得了第一场比赛，对手是因回国弃权的西班牙队。随后，美国队以52比28击败爱沙尼亚队，并以56比23击败菲律宾队，进入奖牌轮。奈史密斯在日记中指出，美国队对阵菲律宾队时如果在身高上没有优势，菲律宾队可能会赢得比赛。他还写道："人们在狂欢。"

美国队随后再与墨西哥队比赛，以25比10获胜，将与加拿大队的金牌赛做准备。奈史密斯对这一结果非常满意——他出生的国家与他选择的国家争夺冠军。

比赛是在室外进行的，在一个未铺设好的球场上，但没有为天气问题提前做任何准备。尽管附近有一个空的体育馆，冠军赛是在倾盆大雨中进行的。没有观众的座位，所以大约有1000名观众不得不站着看完了整场比赛，美国队以19比8获胜。比分低在很大程度上是由天气状况造成的，因为球员无法通过运球来控制球。乔伊·福滕伯里（Joe Fortenbury）以7分得分领跑美国队。奈史密斯向获胜的球员表示祝贺并为他们颁发了金牌。

他后来回想说，他对最后的比赛如此满意的原因之一是，虽然裁判来自中国，但“没有人质疑他的裁决”。

堪萨斯大学的一名研究生W. H.米夫林（W. H. Mifflin）当天下午与奈史密斯在一起，并在近50年后给《堪萨斯校友》（*Kansas Alumni*）杂志的一封信中回忆了这次活动。米夫林写道：“我是奈史密斯博士的客人，对他来说，看到这场比赛是多么的兴奋。比赛结束后，奈史密斯博士和我走了一段路，被希特勒组织的两个德国女孩拦住。她们在奈史密斯博士的脖子上戴了两个花环，鞠躬后离开。

“关于比赛结果，我对奈史密斯博士说：‘博士，这应该是你一生中最重要的事件。这是多么大的荣誉啊。’他回答说：

‘朋友，是的。’”

在离开柏林前的最后一封信中，奈史密斯回顾了前两周的事件和活动：“我当然度过了一段美好的时光，结识了来自世界各地的朋友，并和每支球队都拍了照片。他们中的大多数人都想要一张我与教练和主教练的合影……我和一个德国警卫成为朋友，他成为我的私人保镖。在篮球比赛中让我坐在最好的位置上，虽然他不会说英语，我也不会说德语，但我们通过手势和我学会的一些德语单词相处得很好。我已经学会了从德文菜单上点餐，为此花费了一些工夫。”

奈史密斯还没有完全准备好开始他的回家之旅。他在瑞士有更多的任务，在那里他再次被誉为游戏的发明者。他返回时途经加拿大，拜访了那里的亲戚，然后于 9 月中旬回到劳伦斯，此时距离他离开，已经过了两个月。

尽管将篮球加入奥运会是他一生中最伟大的成就，但奈史密斯从未满足于生活在过去。他当时并不知道，因为第二次世界大战，1940 年和 1944 年都不会有奥运会。他现在已经 75 岁了，但他在回家的时候却在展望未来。

第十三章 不断变化的游戏

奈史密斯在奥运会篮球比赛期间之所以如此开心的一个原因是，奥运会比赛采用的是更古老、更传统的规则，而不是过去的几个赛季中，美国比赛所采用的一些新规则。

具体来说，奥运会沿用了“旧”规则，即没有中线，也不强迫球队在 10 秒内将球移过中线（10 秒过半场）。这些规则还保留了罚球完成后中场跳球的规则。

奈史密斯曾多次表示，他并不反对改变“他”的比赛规则，他反复强调，随着运动员的经验越来越丰富，球员的技术水平也在提高。然而，他并不赞同所有的变化，他最反对的两项规则是 10 秒过半场规则和取消中场跳球。他被引用最多的一句话是：“不要离原来的比赛太远了。那是最好的比赛。”

10 秒规则是奈史密斯和福格·艾伦之间意见分歧的一个来源。事实上，有一天，当艾伦在罗宾逊体育馆告诉记者他赞成10秒规则的所有原因时，奈史密斯在另一层楼的办公室里准备一份声明，说明他为什么坚决反对这一规则的改变。

这一规则的变化是为了防止球队“拖延”，因为它迫使他们在10秒内将球带过半场线。这是在各队开始使用“五人防守”后出现的，每个球员都试图阻止另一队得分。然而，规则中没有规定，一旦球过了半场，球队可以继续持球多长时间。

奈史密斯写道：“观众不再像以前那样经常来观看比赛，球员们也不像以前那样热情了。我们必须做些什么去改变。在这一点上，一些提倡五人防守的人大肆宣扬拖延进攻的危害。通过报纸的宣传，观众被引导相信这点，持球的球队在进行拖延，有一段时间，当进攻方拒绝进入严密的防守时，观众会发出嘘声，指责他们在拖延比赛。

“上述就是我的观点，我和许多与我交谈过的教练都认为，当这种情况发生时，应该把责任归咎于没有尝试去拿到球的球队……一些球队在防守时，已经聚集在篮筐周围，并在这个位置上停留了19分钟，没有向球推进。在这种情况下，人们被迫坐在自己的座位上，看着10个人在球场上无所事事。很多人不愿意花钱看两支球队在球场的两端互相对视。”

1932年举办了一次教练员会议，尽管奈史密斯没有参加，但他提交了一些他认为有助于消除这一问题的建议。他的第一个建议是，任何防守队如果退到篮下，并且没有在30秒内尝试争夺球权，就应该受到惩罚，并且给对方一个罚球。在本质上，奈史密斯提出了一个投篮时钟，尽管他再次是把压力放在防守方试图抢球，而不是放在进攻方试图得分。

第二点建议是，任何在防守范围外的上篮都应算作 4 分，而不是正常的 2 分。他又一次走在了时代的前列。因为直到 1979 年，三分球才被 NBA 采用，而美国大学生体育协会直到 1986 年才开始采用三分球。

相反，教练们投票通过了 10 秒规则。奈史密斯很沮丧，并预言该规则不会让拖延现象停止。他后来指出，在 1934 年美国全国锦标赛的一场比赛中，球员在越过中场线，然后持球 12 分钟没有尝试得分。他说，在这 12 分钟里，该队共完成了 343 次传球。

奈史密斯说："这种对'更多得分'的呼吁，与其说是观众希望球真正穿过篮筐，不如说是希望有更多激烈的动作。难道你没有注意到，当一名球员通过娴熟的技巧拦截对手的球，或者通过巧妙的战术从注意力不集中的对手手中夺取球时，观众是如何为之疯狂的吗？"

奈史密斯强烈反对的另一项规则变化是取消中场跳球。他试图说服那些反对中场跳球的教练们，"中场跳球最初是为了给每支球队提供平等的拿球机会，而拥有弹跳力好的球员的球队就更有优势。"他试图证明他的观点，即在赢得跳球的人有更多的技巧，而不仅仅是哪个队拥有更高的球员。

奈史密斯写道："在运动学的一堂课上，有人提出了判断力与身高的问题。为了满足班级成员的要求，我们挑选了两名篮球运动员，其中一人比另一人高四英寸。我们拿来一个篮球，然后来到体育馆的球场上。我将球扔给他们，每次都扔到高个子能够到的地方，而高个子毫无例外地率先摸到球。

"接下来我将球抛得更高，在这种条件下，矮个子的人能够获得相同次数的触球。下一步就是把球抛得更高，而且每次都是不同的高度，在这种条件下，矮个子在触球次数上有明显的优势。我相信这种在不同高度上的抛球将在很大程度上消除了仅靠身高而获得的优势。

"我个人认为，中场跳球对篮球的意义就像开球之于足球。在进球后将球判给某队，这就失去了比赛中存在的许多激动人心的因素。当球被简单地交给一个球队时，观众不会在比赛开始时就兴奋地站起来。"

教练和规则委员会听取了奈史密斯的意见，但随后投票取消了中场跳球，除了在半场开始时。

1938 年，奈史密斯解释道："我很遗憾地看到中场跳球被降到边缘地位，原因之一是比赛因此失去了很多悬念。现在，悬念在任何运动中都是必不可少的。你认为哪一种情况更吸引观众——是球真正落入篮筐，还是充满悬念的情况——在几秒钟内决定球是否会落入？同样地，中场跳球也有悬念，一些好的打法都有其不确定性。”

奈史密斯对于一些规则的反对通常都是直言不讳，只要有机会在论坛上表达他就会发表意见。在 1939 年春天的一次加拿大之旅中，他指出为了加快比赛速度而做出的规则变化实际上减慢了比赛速度。奈史密斯说：“如今，不能仅仅因为一项规则是新的，人们就认为它一定是好的，而旧的规则会被嗤之以鼻。从我所在这个国家了解的情况来看，你们这些人在比赛中的表现更接近于它原本的样子。”

奈史密斯坚持认为，他反对新规则并不是因为它们与最初制定的 13 条规则不同，而是因为他认为这些规则会对比赛不利。他说：“我赞同任何能够改善比赛的规则。然而，我并不觉得最近废除中场跳球的做法改善了比赛，而且我也不喜欢这样的事实——规则改变了，现在推翻它的重任却落在了早期比赛规则的赞同者身上。据我所知，支持这一改变的人所强调的两个主要优点是：第一，取消中场跳球可以解决过度强调超高中锋的问题，第二，可以加快比赛速度。”

奈史密斯并不准备认输，他提出了三个建议，他认为这些建议能改变教练们对于保留中场跳球的反对意见。首先，他建议裁判员把球抛得更高，就像他在大学课堂上所做的那样，因为这将有助于抵消高个子带来的优势。其次，他建议中场跳球的人选应该轮流，这样的话就不会让同一个人一直跳球。最后，他建议让身高相差不超过 3 英寸的球员跳球。然而，他的这些建议都没有被采纳。

他说："要想消除高个子球员的独特优势，并仍然保留中场跳球的'不确定性'，其实并不困难。"

奈史密斯发现，即使是面对高大的球员，在跳球过程中还有其他方法可以获得优势。他说，堪萨斯大学的前球员比尔·米勒（Bill Miller）经常能比高个子球员跳得更高，奈史密斯不认为他仅仅是在跳跃方面有特殊的技能。仔细观察后，奈史密斯发现，当球被抛向空中时，米勒在跳跃的同时抓住了对手的腰带。

奈史密斯希望看到的一个变化是消除比赛中的一些粗暴行为。早在 1910 年堪萨斯大学与密苏里州大学的比赛时，他就曾对粗暴的比赛发表过评论，痛斥道："他们正在谋杀我的游戏。"但在 20 世纪 30 年代，他仍然有这种感觉。他说："从根本上说，我相信观众希望看到的是一场充满动作的比赛，同时又没有粗暴的行为。就以橄榄球为例，观众会因为团队与团队之间的激烈冲突而感到兴奋。在篮球比赛中，最激动人心的是悬念。当球在空中划出一道弧线时，观众会屏住呼吸：它是会得分还是会错过篮筐？

"获得更多身体对抗和更少的粗暴行为的一个方法是严格

执行第9节的第15条规则。根据这条规则，在球场上运球的球员有责任做出‘明显的努力’以避免与防守球员相撞。在过去的这个赛季中，我一次又一次地注意到，在场上保持自己位置的球员，这是他的权利，但却被吹犯规。

“另一个减少粗暴行为的方法是恢复游戏的原始规则之一——要求球员只能用手处理球。当球员把球抱在身上时，就像在橄榄球比赛中所做的那样，他为获得球权而迫使对手付出不同寻常的努力，这种情况下粗暴行为往往是不可避免的。”

当然，控制粗暴行为的另一个办法是让裁判员在比赛中更频繁地判罚犯规。然而，很快奈史密斯就指出，决定球队输赢的不应该是裁判的判罚。另一个选择是，一旦球员有了两次犯规，就取消他的比赛资格，就像最初的规则中所规定的那样。

奈史密斯说：“很多人都在反对通过罚球来赢得比赛。如果我们通过让犯规者退出比赛一段时间来惩罚他，那么比赛将由罚球来决定胜负，球员就会知道因为自己的犯规给球队带来的麻烦，就像曲棍球和长曲棍球比赛一样。”

然而，在这些规则再次被修改之前，奈史密斯说还是应该由裁判员来控制比赛，并判罚那些应该判罚的犯规。他写道：“我坚信，篮球的未来在于裁判，好的裁判会使比赛变得有趣，而糟糕的裁判会破坏任何比赛的亮点，但更多的是毁掉篮球。我相信一个称职的、公正的裁判严格执行规则，将会培养球员的体育精神。”这些评论在七十年后仍然有效。

奈史密斯出席了在堪萨斯城举办的美国业余体育联合会锦标赛，当时一名教练对裁判的判罚提出抗议，并被命令离开替补席。裁判员给了该教练三分钟时间离开，否则该队将被判决输球。当该教练在三分钟后仍未离开时，裁判员确实宣布他们输掉比赛，并离开了球场。

“这让我想起了25年前的情景，”奈史密斯告诉《堪萨斯城星报》，“在过去的日子里，我们经常遇到这样有趣的事情。我记得有个裁判员曾经多次负责我们的比赛，都要先确认更衣室里有一扇窗户是开着的，他才会开始比赛，以防万一，他可以从窗户逃走。”

尽管比赛中存在不尽如人意的地方，包括奈史密斯认为球队在训练中花了太多时间进行操练，而不是进行比赛，但奈史密斯认为他的游戏前景光明。1939年，这项比赛比以前更加流行，几乎美国的每所高中和大学都有一支球队。据估计，全世界有两千万人在从事这项运动。

他说：“我丝毫不担心篮球的未来，因为无论你怎么瞎折腾，游戏本身就是很有趣的。如果一个游戏是有趣的，它将持续下去，而篮球就是这样……它是一个好的、稳定的游戏。

“在过去的四十年里，我们在篮球技术方面取得了巨大的进步，没有理由认为目前已经达到了极限，也没有理由认为新的技术不会被进一步引入其中。每个教练都在设计新的战术和新的方案，以在比赛中取得优势。运球已经从地板上的滚动发展起来。一些传球的方法将会被设计出来。中锋的战术地位会达到前所未有的高度，有充分的理由相信，只要比赛还在进行，新的战术就会被设计出来。”

奈史密斯虽然不担心篮球比赛，但确实也表达了一些担忧。“规则必须保持简单，”他说，“如果它们变得过于复杂，公众将会失去兴趣。”奈史密斯还关注教练的问题——不仅是篮球，而是所有运动的教练。奈史密斯写道：“今天运动员面临的问题是，我们要求教练赢得大部分比赛，否则我们就要砍掉他的脑袋，这甚至可能发生在赛季的中期。这样一来，不择手段的人就会比踏踏实实的人更成功。如果机构解雇了诚实的人，那么他们很可能会得到一个不那么老实的人。这种情况发生在密苏里州，当时哈林顿（Haherington）坚持认为堪萨斯大学用错了人，学校问他为什么不使用他们。他刚正不阿的性格让他坚守自己的观点。学校解除了他的职务，并找到了另一个人。有趣的是我知道他的棒球队里至少有三个不合格的人，但他不相信我，并坚称所有的队员都是纯业余选手。

“教练们可以愚弄体育委员会、教师和一些学生，但球员们知道所有正在使用的阴谋诡计，这对球员来说没有任何好处。”

正如他多年前在与福格·艾伦的一次早期哲学辩论中所强

调的那样，奈史密斯强调，除了拥有不惜一切代价赢得比赛的决心之外，教练还应具备其他品质。奈史密斯写道：“当教练们意识到赢得比赛的优先级要低于个人的发展时，他们就会意识到自己的责任，并努力去履行它。当这一时刻到来之时，我毫不怀疑，篮球将向前迈进——可能不会像过去那样大幅前进，但会越来越多地被用在体育教育的不同阶段作为一种发展个人的方式，特别是在反应力、社会和道德属性方面。”

尽管奈史密斯对篮球的现状感到十分满意，但他对自己即将从大学退休感到更加兴奋。他一生都在努力工作，现在他期待着有更多的时间与妻子莫德以及他的子孙们相处。

第十四章 传奇逝去

当莫德不能陪同奈史密斯一起去欧洲和奥运会时，他感到非常沮丧，但他很高兴能回到家里陪伴她。他们是彼此的灵魂伴侣，奈史密斯在长时间的离家期间写给她的所有信件都证明了他的爱与忠诚。

另一件令奈史密斯感到高兴的事情是，之前为了支付他的奥运之旅所筹集的资金还有一些剩余，这部分钱刚好够偿还位于密西西比大街 1708 号房子的抵押贷款。奈史密斯夫妇开始考虑在大学西侧西山地区购买新房，他们可以在那里颐养天年。

1936 年 11 月 6 日，奈史密斯 75 岁。与其他六位教授一起，他有资格在 1937 年 6 月前从大学退休，成为一名名誉退休教授。他仍将为大学工作，并能够得到他以前一半的工资，但不会有任何具体的教学任务，相反，他可以用不同方式为大学服务。

对奈史密斯来说，这多半意味着他需要在堪萨斯以及美国各地旅行，在各种会议和活动中发表演讲和露面，尽管他在选择演讲主题时并不总是考虑到大学。奈史密斯从不忌讳表达对某一问题的看法，他将这一理念延续到退休之后。

奈史密斯的孩子们认为写一本关于奈史密斯的生活和篮球的书是个不错的选择。然而，命运再一次和他开了个玩笑。

纠结了很久后，奈史密斯终于争取到了他儿子杰克的帮助。他们花了几个月时间一起写作和改写，甚至请一位英语教授来提供帮助。在他们完成终稿并将《篮球》这本书提交给出版商之前，他们发现还是晚了一步。

奈史密斯再次输掉了与福格·艾伦的比赛，当时他甚至不知道自己是在比赛中。实际上，艾伦一直在写他自己的书，而且他更快地完成了《更好的篮球》这本书。奈史密斯一家并不知道艾伦的新书，直到一天早上在他们的纱门里发现了艾伦留下了这本书。

奈史密斯意识到，他的书中有很多内容与艾伦的书是大体相同的，他清楚出版商不会对旧材料感兴趣。奈史密斯的书最终还是出版了，却是在他去世两年后的 1941 年才出版。

这本书可能是奈史密斯最后能够从他发明的游戏中赚到一些钱的机会。尽管他从未担心过他人利用他的发明进行资本运作，但其他人认为他这么快就拒绝了本可以让他变成有钱人的机会是错误的。他也从来没有为这项运动申请过专利，有一次，一位律师建议他可以从每场篮球比赛售出的门票中获得一定的报酬，他立马把这个人赶出了办公室。

从奥运会回来后，奈史密斯的声望达到了空前的高度。他收到了各种代言的邀请。在艾伦的敦促下，他代言了一款罗林斯（Rawlings）制造的篮球，并获得了几年的特许权使用费，但这是他唯一赚到的与他发明的游戏直接相关的钱。

奈史密斯拒绝一家烟草公司的合作意向，多年后，据说这份合同的价值从 75 000 美元到 500 000 美元不等。奈史密斯对这个合作不以为意，因为他知道吸烟有害健康，而且他不会因为金钱代言他所反对的产品。奈史密斯一直是一个有强烈自我主见和信念的人，他不打算仅仅为了得到一份收入而改变这种立场。

奈史密斯夫妇正在憧憬计划着他们的退休生活，他们很喜欢一座以前属于大学校长弗兰克·斯特朗的房子。然而，在他们搬进去之前，悲剧发生了。1937 年 3 月 4 日晚，因为心脏病突然发作，莫德·奈史密斯在睡梦中去世。

这对夫妇已经结婚 43 年了，妻子的离去对奈史密斯来说无疑是沉重的打击。他私下里偷偷哭泣，秘密地哀悼，之前所有为他的退休生活制定的计划都付诸东流。他的儿孙们试图安慰他，他也很喜欢他们的陪伴，但没有什么能取代他深爱的莫德在他心中的位置。

几个月后他对一个朋友说："没什么可做的，我待在家里看书或盯着镜子里的自己。我出去购物或和朋友聊天。但我忘不了我的妻子。"

奈史密斯一直都很喜欢旅行，即使在莫德去世后也是如此。然而，他对汽车的困扰依然存在，当奈史密斯独自旅行时，孩子们总是担心。他的儿子杰克很不情愿地借给他一辆车，他要去圣路易斯看望女儿海伦和外孙，但两个星期过去了，没有人收到奈史密斯的消息，家人开始担心。最后，杰克收到了父亲的明信片，明信片上说他决定经过圣路易斯，继续前行，最后到达纽约。

他没有告诉任何人，他决定继续前往加拿大。当他最后回到劳伦斯家中时，汽车的两个挡泥板严重受损。奈史密斯没有透露到底发生了什么事，他只是告诉他的儿子，"用锤子敲打几下就可以解决了。"

当他们知道奈史密斯有一个旅伴时，家人立马放松下来了，这个旅伴就是安布拉公爵（Duke D'Ambra），尽管他们的年龄相差约 30 岁，但他还是和奈史密斯成为亲密的朋友。安布拉第一次见到奈史密斯时，他那时正在堪萨斯大学教书，后来他辞职成为一名全职商业摄影师。因为他是自己单干，所以每当奈史密斯需要一个同伴时，他就可以陪同一起去旅行。

莫德去世后，安布拉同意与奈史密斯一起旅行，这次旅行他们将跨越美国并前往加拿大，总行程长达5000英里。安布拉在旅行中成为奈史密斯的个人公关人员，经常给他们即将拜访的城镇的体育新闻编辑打电话，安排记者在他们到达时采访奈史密斯。奈史密斯喜欢与人会面和交谈，回忆他是如何发明这项运动的，并对当时的比赛提出自己的看法。

一个多月后，两个人回到了劳伦斯，没有遭遇任何严重的汽车事故。他们遇到的最大麻烦发生在看望奈史密斯加拿大农场的亲属时。这一天，奈史密斯在湖上的一艘船上钓鱼，不慎落水。安布拉惊慌失措，但奈史密斯依然保持冷静，尽管他已经快76岁了，而且身上还穿着湿漉漉的衣服和沉重的鞋子，但他还是游回了船边，慌忙上了船。奈史密斯对他说："你知道我是一个游泳高手，没有什么可担心的。不要再紧张了。"听完奈史密斯说的话，安布拉仍然没有平静下来。

在加拿大期间，奈史密斯看望了他的童年好友泰特·麦肯齐，还会见了三年前接生迪翁五胞胎的医生艾伦·达福（Allen Dafoe）博士。《劳伦斯世界日报》（*Lawrence Daily Journal-World*）报道："奈史密斯和安布拉和其他访客一样，透过玻璃窗看到了五胞胎。他们惊奇地发现，这些小女孩的头发是栗色的，而不是黑色的。达福博士表示，越来越多的游客是一个问题，在夏天的高峰期，他估计每天大约有5000人来看这些女孩。通往育婴室的道路两旁都是小木屋和摊位，尽管如此，还是没有空间来容纳这些访客。”

那次旅行是奈史密斯与泰特·麦肯齐最后一次见面，几个月后，泰特·麦肯齐在 1938 年 4 月 28 日去世。他的离去对奈史密斯来说是个沉重的打击，给他带来了巨大的悲痛。

奈史密斯的另一次旅行是回到蒙特利尔，接受他的母校麦吉尔大学长老会学院的荣誉神学博士学位。这种场合是快乐的，但他的日子大多被对亡妻的思念所填满。

在奈史密斯往后的生活中，他们子孙后代是他唯一的快乐源泉。在 1938 年的母亲节，他写了一封《致奈史密斯家族的母亲们的信》：

来自曾祖父的问候：

因为佩吉我拥有了一个新头衔，我为此感到自豪。我只希望母亲能看到这些孩子，知道他们的情况，尽管她不可能认识到曾祖母这个头衔的存在。我们家族里有这么多位母亲，我不得不采用复写的方式。

让我告诉你们，我为你们这些母亲感到非常骄傲，我非常感谢你们为了孩子而愿意忍受的苦难。在这个时代，个人满足似乎是排在第一位的，我很高兴我的孩子们一直愿意放弃许多自私的快乐，为了养育出一代健全、健康的孩子。

你不知道我为我的孩子、孙子和曾孙们感到多么自豪。是的，甚至到了第三代。这让我觉得自己就像一个家族的族长。我看着莫德母亲的脸，意识到她为养育我们的家庭所做的一切，并意识到你们每个人都为自己亲爱的人做了同样的事情。我的心中充满了对家族中所有母亲的爱。我的愿望是，你们每个人都能从你们的孩子那里得到像我们从我们的孩子那里得到的同样多的快乐。

母亲节一年只有一次，但我向你们保证，对你们这些母亲的丈夫来说，每一天都是母亲节。你们每个人都选择了一个生活目标是使你们的生活充满幸福的伴侣，这让我感到非常满意。想想你们的每一个孙子和孩子都有来自你们父母的爱和亲情。

祝愿你们的孩子们一直幸福和成功，我永远是你们的爸爸。

奈史密斯还利用这个机会写了一首诗，题目为《我们的母亲》。

我们的母亲；
你在地球上的荣光已被偷去，
被那些会奉承和逃避的人所偷去。
但在地球上和在天堂一样，
冠冕将赐给所有受苦和劳作的人。

我们的母亲；
我们再也不会拖延致敬，
向那颗如此忠诚勇敢的心。
而现在我们会说，在地球最近的日子里，
你是上帝给予我们的最伟大的礼物。

我们的母亲；
在你的附近，
每一处都充满了馨香，
美妙的音乐也充斥着四周，
我们听到你的脚步声时兴奋不已。

我们的母亲；
你的希望、野心和恐惧，
是如此温暖地围绕着我们。

但我们对痛苦的祈祷毫不在意；
因为是它让我们远离伤害。

我们的母亲；
悲伤的日子都已经过去。
我们的生活开始平稳。
我们追寻从你的脸上散发出光芒的日子，
整个世界，没有什么是如此纯洁。

我们的母亲；
我们的生命将成为你无尽的赞美，
你的力量和影响力，
让我们远离日常的诱惑。
我们所有的荣誉都属于你。

奈史密斯知道他这辈子永远不会放弃对于妻子莫德的爱，但他也因为缺少女性的陪伴而感到很孤独。他的两个儿子杰克和詹姆斯都曾是堪萨斯大学美国男大学生的社会大学联谊会（Sigma Phi Epsilon）的成员，奈史密斯曾担任过该团体的顾问。他开始花更多的时间待在联谊会里，寻找可以交谈和帮助的人，他对联谊会的管家，一个名为弗洛伦斯·梅·金凯德

（Florence Mae Kincaid）的女人产生了好感。

金凯德夫人是个寡妇，她的丈夫曾是堪萨斯州贝洛特（Beloit）的一名牙医，在四年前去世。她搬到劳伦斯，担任联谊会的管家，她从在大学读书的儿子杰克那里听说了奈史密斯的事。尽管 56 岁的金凯德比奈史密斯小 21 岁，但他始终保持着良好的身体状况，并能跟上年轻的女性。随着两人开始花更多时间在一起，他们发现他们喜欢彼此的陪伴。

奈史密斯的女儿莫德·安与丈夫和奈史密斯一起住在西山的新家，她给她的姐姐们写了信，告诉她们父亲的新恋情。女儿们都不高兴，她们试图劝阻奈史密斯不要在他这个年龄卷入一段新的关系。然而，奈史密斯不会被阻拦，有一天他宣布他要和弗洛伦斯结婚时，他感到非常自豪。

奈史密斯第一次向弗洛伦斯求婚时，她拒绝了他，因为她也从未打算再婚。然而，奈史密斯说服力惊人，她最终还是同意了。奈史密斯在婚礼前如实告诉他的未婚妻，他希望在他死后被埋在劳伦斯的公墓里，与莫德为邻。弗洛伦斯同意了，而且这个问题再也没有讨论过。

1939 年 6 月 10 日，这对夫妇在堪萨斯州奥弗兰帕克（Overland Park）的第一长老教会举行了婚礼，仪式很安静。奈史密斯希望在劳伦斯以外的地方举行婚礼，尽量避免将消息传播给公众。只有 13 位客人参加了仪式，其中包括奈史密斯的两个孩子——莫德·安和杰克。

这对夫妇乘车踏上了漫长的蜜月之旅，首先前往了俄克拉何马州的塔尔萨，然后到了加利福尼亚，最后北上到达加拿大。奈史密斯在旅途中安排了几个演讲活动，并拜访了联谊会，这次蜜月将商务与娱乐结合起来。此行的重点之一应该是与他的老朋友阿莫斯·阿隆佐·斯塔格重聚，他现在已经离开芝加哥大学，成为加州太平洋大学的橄榄球教练，尽管他已经77岁了。遗憾的是，当奈史密斯到达加利福尼亚旅行时，斯塔格遇到了一些日程安排上的麻烦，两人没能聚在一起。奈史密斯的新妻子从来没有叫过他名字，而是习惯称他为博士。他们继续前往加拿大，看望了他的一些亲戚，最后到达温尼伯，在那里，他作为贵宾参加了六年前飞机失事的美国业余体育联合会篮球队在世成员的团聚晚宴。

这对新婚夫妇在9月1日回到劳伦斯，搬进了位于西山的家，并一直忙于对他们的家进行装饰。奈史密斯很高兴看到现在和以前的学生都来拜访他或向他征求建议。这对夫妇计划在佛罗里达州的圣彼得堡（St. Petersburg）度过冬天，奈史密斯正努力安排参加联谊会和其他演讲活动，以填满他的时间。

11月19日，奈史密斯的女儿莫德·安、她的丈夫托马斯和他们的小儿子汤米从托皮卡（Topeka）的家中来到劳伦斯，与奈史密斯和弗洛伦斯共进周日晚餐。晚餐的讨论集中在运动和运动损伤上，奈史密斯建议莫德·安不要让她的小儿子打橄榄球，因为他认为这项运动已经变得太危险了。

晚饭后，奈史密斯站起来说，他要去他的书房取他汇编的一些关于体育损伤的统计数据。

他突然倒在了椅子上。奈史密斯被紧急送往劳伦斯纪念医院，医生说他出现了脑出血症状。他的情况十分危急，家人都聚集在医院，苦苦等待了整整一夜。

第二天早上，奈史密斯恢复了意识，并且恢复到医生允许他回家的程度，他说弗洛伦斯可以照顾他。

两天后，弗洛伦斯在用酒精擦拭奈史密斯的背部时，她转身离开了一会儿。当她回头时，奈史密斯已经不省人事了。他已经第二次中风了。

家人召来一名医生，医生认为奈史密斯的情况太过危急，无法尝试将他转移到医院。奈史密斯在 24 小时内时而清醒，时而迷糊，无法连贯地说话，陷入了昏迷状态。

四天后，11 月 28 日星期二凌晨 1 点 50 分，奈史密斯去世。

第十五章 伟大的游戏

1941 年，奈史密斯去世两年之际，正好是篮球诞生 50 周年。传奇教练克莱尔·比（Clair Bee）为奈史密斯的著作撰写序言。他写道：“在篮球诞生 50 周年之际，这项运动被誉为全球最受欢迎的运动……我可以向所有人保证，如果他们读了这本书，一定会对这位伟大而朴实的人物感到钦佩和爱戴，还能感受到他将自己的生命和努力奉献给了教育，并赢得了全世界数百万运动员的尊重和感激。奈史密斯博士作为美国教育界的不朽人物之一，他当之无愧。”

四百七十四个单词。这就是奈史密斯在 1891 年 12 月那个寒冷的早晨为他的新游戏制定的 13 条规则的总长度。从那个卑微的开始，篮球已经发展到了今天的地位——全世界有数以百万计的男女老少在参与，并有数以千万计的忠实粉丝在享受这项运动带来的乐趣。

虽然奈史密斯肯定会对他的运动的某些方面感到不满——主要是经济以及职业化方面，但他毫无疑问会对他的运动感到荣耀和激动，因为现在这项运动仍然如此受欢迎，被世界各地的人们所热爱。

乔治敦大学前教练约翰·汤普森（John Thompson）曾说过，他认为篮球在弥合种族之间的差距方面所做出的贡献远比社会上其他任何东西都要多。南伊利诺伊大学现任教练克里斯·洛厄里（Chris Lowery）指出，篮球运动将国家联系在一起，在他（奈史密斯）的时代，那些国家可能甚至没有交谈过。

据堪萨斯大学现任教练比尔·塞弗（Bill Self）说，奈史密斯会感到自豪，“篮球运动在很多方面保护了我们的文化，给予我们如此多的机会。篮球给我们带来了这么多的积极因素”。

在1998年11月28日——奈史密斯逝世周年纪念日——NBA球员停工期间，在《堪萨斯城星报》的一篇专栏中，乔·波斯南斯基（Joe Posnanski）这样写道：

> 他不知道他的游戏会给贫民区的孩子们带来希望；孩子们会在全美国的车道背板上投篮；这个世界会有一个叫迈克尔·乔丹的人出现；也会出现一个叫哈基姆·奥拉朱旺（Hakeem Olajuwon）的人；他们因为一群贪婪的百万富翁而停工一整年，无论高矮，

这群富翁都不同意巨额薪资的分配，因为要对抗特里克·尤因（Patrick Ewing）……

发明几乎总是在背离发明者的初衷。阿尔伯特·爱因斯坦总是憎恨他的理论启发了原子弹的发明。毫无疑问，奈史密斯（出于许多同样的原因）会讨厌他的游戏成为NBA……

即使在他活着的时候，人们也认为奈史密斯对自己比赛的认识很肤浅。甚至连奈史密斯的学生、篮球教练之父福格·艾伦同样持有这样的观点。人们认为他不了解球员的战术跑位。他肯定也不会了解一盯四联和工资帽，因此他们认为篮球已经与他渐行渐远。

这项比赛确实与他的初衷有所背离。奈史密斯对此没有异议。他至死都认为，打篮球应该是为了娱乐和锻炼，为了"刷"的一声的刺激，为了抢断的兴奋，为了瞬间的快乐。他只是认为，篮球对于孩子们来说是一项非常好的游戏，而金钱和成年人可能会毁了它。他是一个相当聪明的人。

在奈史密斯发明这项运动100多年后，孩子们爱上篮球并不是因为他们有一天可能成为在NBA打球的百万富翁。他们可能梦想着有一天能参加奥运会并赢得一枚金牌。但他们把车道上的积雪铲掉，在冰天雪地中投篮一小时，只有一个原因，那就是这个游戏真的很有趣。

奈史密斯对他的游戏有一个不成文的规定：游戏的费用要低，既不需要各种装备，也不需要很多人参与。他的游戏由一个篮子和一个球组成，尝试将球投入篮中。他的运动可以一个人玩，也可以五个人组队一起玩。它可以在贫民区的柏油路或混凝土操场上进行，也可以在精心设计的体育馆内进行。小到 5 岁的孩子，大到老年人都可以进行这项运动。即便是那些坐在轮椅上的人也可以玩。没有其他运动可以像篮球这样。

篮球为我们带来了迈克尔·乔丹、威尔特·张伯伦（Wilt Chamberlain）和比尔·拉塞尔（Bill Russell）。它给世界带来了鲍勃·库西（Bob Cousy）、奥斯卡·罗伯特森（Oscar Robertson）和魔术师约翰逊（Magic Johnson）。杰里·韦斯特（Jerry West）和拉里·伯德（Larry Bird）因一个原因而闻名于世——篮球。今天的年轻人把勒布朗·詹姆斯（LeBron James）、蒂姆·邓肯（Tim Duncan）或史蒂夫·纳什（Steve Nash）的海报贴在他们卧室的墙上，因为他们是这一代的明星。

甚至女孩也可以渴望成为下一个丽贝卡·罗博（Rebecca Lobo）或丽莎·莱斯利（Lisa Leslie）。女子篮球不仅在高中阶段蓬勃发展，而且在大学阶段也是同样如此。这一事实肯定会让奈史密斯感到欣慰，因为女子篮球也逐渐国际化，包括在奥运会上的表现。甚至已经有了一个成功的女子职业联赛。在许多方面，如今的女子篮球赛比男子篮球赛更接近奈史密斯最初创造的比赛形成。

拉里·伯德仍然记得他在印第安纳州弗兰奇利克（French Lick）上高中时爱上了篮球。他在自传《驱动》中描述："从那时起，篮球就是我所想的一切，我想做的一切。我迫不及待地等待学校放暑假，这样我就可以全身心地投入到篮球中去。早上6点我都会在去学校之前打球。我会在课间躲进体育馆投几个球，放学后再打到第二天凌晨，我甚至觉得睡眠是对我练习时间的恶意侵占。"

同样的，在同一时间，魔术师埃尔文·约翰逊在密歇根州的兰辛市（Lansing）长大，爱上了同一项运动。约翰逊在他的自传《我的生活》中写道："无论我在做什么，我的手里总是拿着一颗篮球。如果我在为我母亲跑腿，我会在去商店的路上运球。为了让它变得有趣，我交替使用右手和左手运球，就这样经过一个又一个街区。

"我记得当窗外还是一片漆黑的时候突然醒来，非常想打球，我就躺在那里，看着窗外，静静等待着天亮。如果太早不能去学校操场，我就会在街边运球。我会绕着停着的汽车跑，假装它们是另一支球队的球员。中街的人们常常打开窗户，大骂我把他们吵醒了。但我没办法，我已经和篮球融为一体。"

1979 年，当魔术师约翰逊所在的密歇根州立大学队在美国大学生体育协会冠军赛中遇到伯德的印第安纳州立大学队时，这是电视史上收视率最高的大学篮球赛。美国有超过 2500 万户家庭收看了这场比赛，世界各地还有数百万人在观看。在 2008 年北京奥运会的比赛中，当美国队和中国队在第一轮比赛中相遇时，据估计，全世界通过电视观看这场比赛的观众达到 10 亿。

游戏的发展和普及对奈史密斯来说是最重要的。他不在乎一代又一代的球员和球迷不知道他是这项运动的发明者。他经常对观众说："不要害怕为人类工作，等待你的回报。"

奈史密斯并没有寻求个人的认同。他没有试图在这个游戏中获利。他把规则的原始副本折叠起来放在办公桌的一个抽屉里。直到临终前几年，他才将其交给了儿子詹姆斯。最让他高兴的是，在他最初的 13 条规则中，有 10 条基本保持原样，仍然构成了游戏的主体框架。

奈史密斯会理解，即便他不同意，其他人认为他应该因为自己的发明赢得更多的认可这一事实，毫无疑问，奈史密斯会感谢他们为他所做的努力。他对位于马萨诸塞州斯普林菲尔德的奈史密斯篮球名人堂以他的名字命名这一事实会感到既高兴又愧不敢当。

1998 年，作为庆祝奈史密斯将篮球运动引入堪萨斯大学一百周年纪念活动，艾伦场馆的比赛场地被命名为詹姆斯·奈史密斯球场。然而，奈史密斯家族的一些成员对大学的做法感到很失望，因为大学在他去世近 60 年后才开始纪念学校最著名的教授之一。他的女儿海伦·奈史密斯·多德在 1948 年写给福格·艾伦的一封信中同样表达了家人的失望之情。

“在过去五年中，我曾多次回到劳伦斯，因为我的三个儿子都在那里上学，”多德夫人写道，“每一次回去我都感到不快，因为这让我意识到大学对我父亲在那里四十年的贡献并不珍视。

“据我所知，甚至没有一个牌匾显示他曾经在那里工作过……这对你来说可能有点难以接受，但我没有觉得。我只是很失望，从篮球中得到这么多好处的人居然把这看得如此理所当然。坦率地说，我想知道，如果没有篮球这项运动，福格·艾伦这个名字是否还会对这个国家有如此深远的影响。”

艾伦写了一封三页的回信，他在信中回顾了他多年来为帮助奈史密斯所做的所有尝试，包括资金上的帮助和对他成就的认可。“我开始努力建造奈史密斯馆，但我没有得到大学当局的积极回应，因为他们当时心里想着其他的纪念馆，”艾伦写道，“他们并不反对奈史密斯纪念馆，但由于我们在 1920 年已经建造了一个纪念体育场，他们不确定我们是否应该尝试将另一个体育建筑作为纪念馆。场馆被否决了。在大学附近建造带有钟琴和纪念道路的钟楼取代了这个计划。

“早在我拥有福格·艾伦篮球之前，知道从事篮球运动的朋友们亏欠奈史密斯博士很多的时候，我就去找博士问过，‘篮球运动欠你巨大的荣誉和补偿。为什么你没有奈史密斯篮球、奈史密斯球门和其他奈史密斯游戏装备？’

“奈史密斯博士看着我，由衷地笑了，他说：‘你这个该死的乞丐，你总是想着钱。’”

艾伦后来继续说：“我不知道奈史密斯的家人是否知晓这些，以及其他成千上万的事实，我一直努力在为他争取能够有一个舒适的晚年。真的是因为你们兄弟姐妹对我为他所做的这些方面的努力缺乏了解，否则我不会说上面的这些话。

“我内心深处一直无比认同，篮球是我谋生手段，我亏欠篮球和奈史密斯博士太多太多，我一直努力保持心中的想法。”

新的体育场馆最终建成，并于 1955 年开放，但被命名为艾伦体育场馆。但似乎没有人想以奈史密斯的名字命名建筑，或以奈史密斯和艾伦的名字组合命名。但是，经过场馆前的街道被称为奈史密斯路。

50 多年后，奈史密斯家族的成员认为，堪萨斯大学的官员确实感谢并认可奈史密斯对大学的贡献。他的外孙女海伦·多德·卡彭特说：“我的外祖父和福格·艾伦在许多问题上有不同的意见，这并不是一个秘密。尽管他们有分歧，但是我们知道，他们之间有一种相互尊重和钦佩的感觉。他们的分歧总是在哲学问题上，而不是针对个人。两人都非常忠诚，并为他们在堪萨斯大学所取得的成就感到自豪。我知道我的外祖父热爱堪萨斯大学，他认为对大学来说最有利的事情，在他心目中总是最重要的问题。他爱上帝，爱他的家人，也爱堪大。

“关于我外祖父的生活，有一个事实我认为是无可争议的。在体育史上可能有更有名的人，如贝比·鲁斯（Babe Ruth）和克努特·洛克尼，但没有一个人像詹姆斯·奈史密斯一样，能够对体育产生如此直接的影响。他发明的篮球影响了数以百万计的个人和成千上万的学校及其他组织和机构，历史上没有人能够给体育界带来如此大的影响。”

毫无疑问，让奈史密斯最高兴的会是，在他去世几十年后，每一个与篮球有关的人都有和他一样的道德观、价值观和对良好体育精神的欣赏。然而，他是个现实主义者，知道这不太可能发生。

奈史密斯所创造的比赛已经在世界各地广受欢迎并取得了巨大成功，这会让他感到由衷的快乐，尤其是看到如此多的年轻人热爱篮球。各州高中协会联合会的一项调查发现，在2006–2007学年，美国男子和女子高中篮球队的数量比任何其他运动都要多——共计有超过35 000支球队，包含超过100万名男女学生都在参与篮球这项运动。

再加上数以百万计的青少年上高中之前在男女生俱乐部、基督教青年会和基督教女青年会、教会联盟、小学和中学，甚至在公园里临时组织的比赛中玩这个游戏，不难看出，这个游戏是如此流行。

女子篮球的发展为推动女性在运动方面取得的成就发挥了巨大的作用。奈史密斯会很高兴地看到，这项运动的发展对减少体育界的性别不平等有很大的推动作用，甚至有助于消除其他行业对妇女的一些歧视，就如同男子比赛对于缓解种族歧视有很大的作用。

1990 年，超过 41 000 人坐满了印第安纳波利斯的胡赛尔圆顶球场（Hoosier Dome），观看印第安纳州高中冠军赛，这是有史以来观看高中篮球赛的最多人数。现在，美国大学生体育协会锦标赛已成为每年体育日历上的主要活动之一，并吸引数百万人亲临现场或通过电视观看比赛。

在海外，这项运动从未像现在这样受欢迎。国际篮球联合会（International Basketball Federation）从 1932 年成立时的 8 个特许成员开始，已经发展到 213 个成员国，从阿富汗到津巴布韦。

篮球运动使数以百万计的年轻人能够上大学并接受教育，否则他们永远无法支付学费。有些人把他们人生中所拥有的一切都归功于篮球，他们意识到，篮球运动使他们能够做更多的事情，甚至有些事情是他们从未想过会发生的。他们知道，如果没有篮球，他们可能会流落街头，被关进监狱，甚至是死亡。

1991 年，在马萨诸塞州斯普林菲尔德举行的纪念奈史密斯一百周年的晚宴上，几位知名球员走到奈史密斯家族的成员面前，因为奈史密斯所创造的篮球向他们表示感谢。毫无疑问，这种赞赏对奈史密斯来说是有意义的。

然而，有些人研究了奈史密斯的生活细节，并按照今天的标准，认为他其实没有什么成就。虽然他做过很多工作，但从未为他的家庭提供过美好的生活或财务自由。他从不关注金钱，甚至不关心他能否从自己最著名的发明中获利。他用其他更私人的方式来衡量成就，例如他成功地将这种理念传达给一个名叫约翰尼·威廉姆斯（Johnny Williams）的年轻球员。

1896 年，奈史密斯在丹佛执教一支基督教青年会球队，威廉姆斯是一个控制不住自己脾气的队员。奈史密斯写道："我看着他从球场上下来，一脸不悦，不服气地坐在边线上，这已经不是约翰尼第一次被驱逐出比赛；事实上，他很少能在比赛中一直打下去而不陷入麻烦。"

奈史密斯写道："约翰尼·威廉姆斯是一个个头矮小、身体强壮的红发威尔士人……他是一名优秀的球员，一次又一次地打出精彩的比赛；但最终他还是会发乱脾气，被裁判罚离出球场，很多次都是在最需要他的时候。

"当我看着约翰尼在这场特殊的比赛中离场时，我决定要和他谈谈。比赛结束后，我请他来到办公室。当他进来时，他仍然对导致他离开比赛的情况心存怨恨。他怒气冲冲地瞪着我，准备接受他所期望的训斥，但仍然不愿意承认自己错了。”

奈史密斯告诉威廉姆斯，他是一个好球员，但他的脾气使他成为球队的不利因素。他说，威廉姆斯要想在篮球上和生活中获得成功，他必须学会控制自己的情绪。威廉姆斯表示同意尝试。

奈史密斯写道：“不久之后，他发现，当有人对他宣判犯规时，自我控制得到了回报。他开始向裁判抗议；然后他突然想起了自己的决心，小跑着离开，脸和头发一样红。接下来的几个队员看到约翰尼在球场上到处跑；在进攻端和防守端无处不在，我知道他通过这种身体上的努力，正在消除他的怨恨。

“到赛季结束时，他已经成功地学会了控制自己的情绪，他成了球队的主力；他的队友们一致推举他为下一年的队长。”

几年后，在一次去丹佛的旅行中，奈史密斯和威廉姆斯聚在一起参观。威廉姆斯当时是一名州立法委员，他问奈史密斯是否还记得他把威廉姆斯叫到办公室的那一天。奈史密斯回答说记得，威廉姆斯告诉他，“那次谈话帮助他克服了一个人生中很严重的缺点。”

奈史密斯笑了。他的运动——篮球，已经完成了他的初衷。他知道这是他能获得的最大回报。

第十六章 奈史密斯，不止于篮球

奈史密斯去世，噩耗传遍世界，万千悼念涌入劳伦斯。葬礼的日程已经确定，他的遗体将会被送回家中，他的朋友、同事和曾经的学生都将在那里向他致以最后的敬意。

在奈史密斯去世的次日，堪萨斯大学的著名毕业生、记者威廉·艾伦·怀特（William Allen White）在《恩波里亚公报》（*Emporia Gazette*）上写道："这是一个真正为人类作出贡献的人……意识到自己做了一件十分有价值的事，一件令人愉悦的事，一件在尘世中真正有用的事，这对于他而言，是多么荣耀和自豪。虽然他没有出众的天赋，但他利用上帝给予他的一切，让生命充满价值。这也是我们这样的普通人都能够做到的。"

堪萨斯州州长佩恩·H. 拉特纳（Payne H. Ratner）向奈史密斯家族发来慰问："我觉得国家应该感激奈史密斯博士为我国青年所做的一切。篮球，这项由他发起并为之付出巨大努力的运动，已经发展到如今阶段：它能够塑造年轻人的性格，并且能够为这片土地的孩子们提供锻炼身体的机会。”

弗雷泽厅顶部的堪萨斯大学校旗降半旗，向奈史密斯致哀。大学校长迪恩·W. 马洛特（Deane W. Malott）在声明中表示：“世界上许多国家体会到这个人的离去将会是巨大的损失，他为自己精神生活设定了很高的标准，并能够用同样的标准去影响成千上万的年轻人。他对于篮球世界的贡献将留下一个超越时空、永远也无法抹去的印记。”

另一位追悼者福格·艾伦说：“世界上的年轻人失去了一位伟大的恩师詹姆斯·奈史密斯博士。全世界有 1800 万年轻人参与篮球运动。今天所有进行篮球运动的大型场馆、大型礼堂和体育馆都和博士息息相关。但在篮球被发明之前，很少有大型室内场馆用于室内运动。

“奈史密斯博士为青少年创造了篮球运动，青少年从八年级开始一直到他们长大成人，都可以从事这项运动。我曾经听过八位国内知名的教育家，在同一平台上发言，他们一致认为篮球可以塑造学龄儿童的所有必需的品质：心态、节奏、优雅、协调、技能的发展以及身体素质的培养。这些演讲者既不是竞技教练，也不是运动员。这项国际化的运动，完全是由奈史密斯博士一人所设想的，他是一个伟大的教育家、仁慈的人道主义者和务实的基督徒。

“全世界的青年都会为奈史密斯博士祈祷。”

来自美国、加拿大的电报与电话吊唁如潮水般涌向了奈史密斯家。奈史密斯家人收到了阿莫斯·阿隆索·斯塔格、曾参与基督教青年会培训学校第一场篮球比赛的两位队长——来自加拿大多伦多的 T.D. 巴顿和加利福尼亚雷德兰兹（Redlands）的尤金·S. 利比的慰问。克雷顿大学的篮球教练埃德·希基（Ed Hickey）可能总结了所有参与此项运动的人的想法：“失去奈史密斯是一个巨大的损失，我们将永远感激他在这样一项伟大的运动中的推动和领导作用。”

1939 年 12 月 1 日星期五，在劳伦斯的第一长老会教堂举办了奈史密斯的葬礼。虽然正值感恩节假期，但教堂里却挤满了堪萨斯大学的学生。西奥多·H. 阿斯曼（Theodore H. Aszman）牧师在悼词中说：“他更喜欢言传身教而不是站在讲台上夸夸其谈。他要做的是防止人们误入歧途，而不是亡羊补牢。他在悬崖顶上建起一道围栏，防止人们坠落。

“培养性格是奈史密斯博士的基本原则。他不是作为一个狂热的球迷，而是作为一名教师在观察他所发明的游戏。他希望观察到篮球这项运动对于参与者的思想和性格的影响。他是站在人类的视角去观察审视这项运动的，而不是站在一个发明家的角度。他确实是上帝派来的贵族。”

人们都很好奇为什么奈史密斯最亲密的朋友安布拉爵士没

有出席葬礼。直到听到了安布拉的解释，才解答了人们的疑惑：几年前莫德·奈史密斯去世后，安布拉和奈史密斯一起旅行时，奈史密斯向他提出了一个不同寻常的请求。他说："假如我比你先死，你能保证不来参加我的葬礼吗？"

安布拉想知道为什么奈史密斯会提出这样的要求，奈史密斯说他不希望他的朋友对他最后的纪念是面对躺在棺材里的冰冷尸体。"回忆不应该是这样的，"奈史密斯补充道，"你和我都应当铭记此刻：我们正在交谈、正在欢笑。"

奈史密斯真正的纪念物是他发明的游戏——篮球运动，如今已经薪火相传。小到城市操场或是乡村学校钉在杆子或树上的光秃秃的篮圈，大到为专业人士建造的数百万美元的巨大场馆，这项运动是詹姆斯·奈史密斯博士留给世人的财富。

海伦·多德·卡彭特说："奈史密斯在 9 岁时是个孤儿，16 岁时是个伐木工人，之后成为牧师、医学博士，他还是拳击手，是教练，是军队牧师，是军队的上尉，是教授，但最重要的是，在他自己眼中，他是丈夫、父亲和恋家的男人。他对上帝的爱，对家庭的爱、对居留国以及对他所认识的成千上万的年轻人的爱是惊人的。他总是对世界铭记他所创造的运动心怀敬畏。"

奈史密斯确实真正完成了自我设定的终极使命，"让这个世界因为他的存在而变得更好。"

译后记

2022 年，我无意间发现这本英文原著。读完之后，回味良久，从那一刻开始，奈史密斯成为我人生的导师。于是，我开始查阅关于奈史密斯的资料，急切地想了解更多奈史密斯博士的故事，但遗憾地发现，截至当时，没有一本关于他的相关中文传记，奈史密斯博士的故事也是鲜为人知，这对于中国篮球爱好者来说是一个很大的遗憾。我想所有热爱篮球的人都会想去了解也应该了解这位“篮球之父”的故事，他们肯定渴望了解篮球这项运动是如何被发明的、篮球运动的早期发展以及詹姆斯·奈史密斯的传奇人生。奈史密斯的伟大，我无法企及，他的梦想是“leave the world a little better than he found it”，我也想用自己的方式去改变世界。于是，一个大胆的想法就此诞生：我要翻译这本书！

经历了半年多的时间，我终于将整本书翻译完。那一刻的我如释重负，其间的辛酸，只有过来人才能体会。翻译完书稿，就要着手准备出版的问题，于是我开始在各处寻找出版社的联系方式，然后汇总整理在一个 Excel 里，最终一共整理了一百三十多家，我在每个出版社后面都留下一块空格，标注目前的进度，如已经电话联系，已经投稿等。

我开始按照表格里的联系方式一家家打电话，或者发邮件联系，我每天都盼望着发出去的邮件能够得到回复，哪怕只是说一句，抱歉我们无法出版，我总是期待“嘟嘟嘟”的声音后能够有一个人理解我。后续，我也收到一些回复，大多数是委婉地拒绝。原因有许多，最根本的原因是奈史密斯的受众太小，影响力不够。说来也很讽刺，而我就是因为这个原因，才会想要出版这本书。让更多人了解他的故事，这是我的初心。因为篮球，很多人从贫民窟走出来变成百万富翁。篮球改变了很多人的命运，而这一切的开始正是奈史密斯。我们在为科比的离去、斯特恩的离去感到悲痛，但很少有人会想起奈史密斯，他也值得被世人铭记。

从 2022 年 9 月到 2023 年 4 月，我尝试了一百多家出版社以及出版公司，但大多数都是以失败告终。终于，2023 年 4 月，广东人民出版社的编辑老师找到我，说可以帮我出版这本书，我的梦想终于快要实现了。

回想从 2022 年我决定开始要翻译出版这本书，一路走来太多的坎坷和失败，一次次的拒绝与失望冲击着我的内心，但对于篮球的热爱，对于奈史密斯的信仰一直支撑着我前进。我想到奈史密斯在发明篮球之前也曾无数次的失败，被学生嘲笑，他也心灰意冷，他也郁郁寡欢，但他并没有放弃。

回想自己人生的过往，从一个胆小的小男孩，到现在可以为了自己的梦想不顾一切地去追求、去努力。这一切都是因为篮球，因为篮球我变得不再沉默，因为篮球我结交了更多的朋友，因为奈史密斯发明了篮球，我的人生才会变得不同。十多年的陪伴，篮球已经成为我生命中不可或缺的部分。

在这里由衷地感谢每一位支持和帮助过我的朋友，特别感谢广东人民出版社和创美工厂的领导和编辑老师们，书籍能够顺利出版，他们付出了很多的努力，他们的专业和敬业让我由衷地敬佩。感谢张佳玮老师的倾情作序，感谢体坛周报的管维佳老师、孔德昕老师对本书的支持与推荐。另外还要感谢CSDN邹欣邹总、朱彦硕老师、张潇雨老师、黎双富老师、韩磊老师、周轶君老师、赵仁博老师、吴肸老师、胡宝凯老师、张凡涛教授、贺彦军老师、邢晨老师、猫三老师、白话频道大白老师、火箭球迷电台公民老师、季孟年老师、李葆春院士、水哥胡泊洋、殷文玉老师、李寒邻老师……太多需要感谢的人就不在此处一一列举，感谢每一位帮助过我的人，在此向您表示最真挚的感谢。

感谢篮球让我们相遇，感谢奈史密斯的伟大发明，改变世界，也改变了我。我也想借此契机，收集一些关于篮球的故事，如果你也热爱篮球，你和篮球也有很多故事，可以将您的故事发送至邮箱 thankyounaismith@163.com，我会认真阅读并挑选一些故事送出本书。

这是我的第一本译作，出于对篮球的热爱与对奈史密斯的敬仰，才尝试翻译出版此书，因时间和能力有限，还请各位读者多多批评指正。再次感谢！

桂旭东

出 品 人：许　永
出版统筹：林园林
责任编辑：朱东岳　范先鋆
封面设计：海　云
内文制作：万　雪
印制总监：蒋　波
发行总监：田峰峥

投稿信箱：cmsdbj@163.com
发　　行：北京创美汇品图书有限公司
发行热线：010-59799930

官方微博　微信公众号

小美读书会公众号　小美读书会读者群